Искра

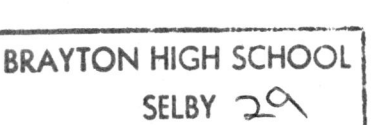

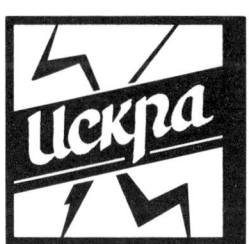

ISKRA 2

A communicative Russian course

Pupils' Book

REVISED EDITION

Nuffield/Schools Council Russian Teachers' Association

Stanley Thornes (Publishers) Ltd

Text © Nuffield/Schools Council Russian Teachers' Association 1992

Original line illustrations © Stanley Thornes (Publishers) Ltd 1992

All rights reserved. No part of this publication may be reproduced or transmitted in any form or by any means, electronic or mechanical, including photocopy, recording or any information storage and retrieval system, without permission in writing from the publisher or under licence from the Copyright Licensing Agency Limited. Further details of such licences (for reprographic reproduction) may be obtained from the Copyright Licensing Agency Limited, of 90 Tottenham Court Road, London W1P 9HE.

First published in 1992 by:
Stanley Thornes (Publishers) Ltd
Ellenborough House
Wellington Street
CHELTENHAM GL50 1YD
England

Reprinted 1993 (twice)
Reprinted 1994

A catalogue record for this book is available from the British Library.
ISBN 0–7487–1546–0

Typeset by Tech-Set, Gateshead, Tyne & Wear
Printed and bound in Great Britain at The Bath Press, Avon

CONTENTS

INTRODUCTION			iv
UNIT 1	My family	Моя семья	1
UNIT 2	What is your town like?	Какой у тебя город?	17
UNIT 3	What do you have in your home?	Что у тебя в доме?	32
UNIT 4	Free time	Свободное время	50
UNIT 5	Could you repeat, please	Повторите, пожалуйста	63
UNIT 6	Could I have a look at?	Можно посмотреть?	79
UNIT 7	Where did they go?	Куда они ездили?	94
UNIT 8	What lessons do you have?	Какие у тебя уроки?	111

INTRODUCTION

Iskra follows on the Nuffield Foundation funded project of the same name whose efficacy and popularity have already been proved over a number of years. The new course represents a considerable development in terms of aims, structure and methodology, but the authors are convinced that teachers who have used the original version will find the new *Iskra* no less satisfactory and, taking account of events in the former Soviet Union, more up-to-date. Clearly, it is not possible to incorporate in a printed work all the very latest changes of place names, etc., but teachers in touch with their subject will be able to point these out for their pupils and, in the spirit of the whole of the course, to make use of them to add current interest and life.

The authors have kept very much in mind the requirements of GCSE and the National Curriculum proposals, with their effect on curriculum diversification. They believe that the hitherto prevailing pattern of Russian teaching – a 3–4 year course for the very able – is likely to give way to a 4–5 year course for pupils with a broader range of ability. The new *Iskra* has been designed with such alternatives in mind.

The structure of the course has been based on two main considerations: firstly, the need to produce a topic-based course with grammatical 'signposts' which would – in the absence of a formal grammatical spine – ensure that any topic, once treated, would not subsequently be forgotten; and secondly, since no topic can be treated exhaustively at any one stage, the need to ensure that each was spread over a certain period. Such a structure facilitates both revision and extension. Taking, therefore, eight broad topic areas, each of which could be expanded or deepened in successive stages of the course, the aim was to 'visit' all areas in Part 1 and to 'revisit' them in subsequent volumes. Therefore, the same broad areas encountered in Book 1 have been explored again in Book 2 (the present volume). A little of the earlier work is revised, but is used mainly as a springboard to new and slightly more advanced language. This process will be repeated in Books 3 and 4.

Iskra Book 2 is the result of cooperative efforts by a number of teachers of Russian in British schools, including Ken Smith (coordinating author), Cleeve School; Natalie Collins, Cleeve School; Julia Dobson, Meadowhead School; Lynne Mowatt, Sally Park Girls School; Eric Hadley, Warwick School; Martin Higgins, formerly of Bransholme Senior High School; Dave Hughes (Cheltenham); Dave Bareham and Bob Pearn, Elizabethan High School; Astrid Ivkin, Heaton Manor School; Alison Redshaw, South Craven School; Patricia Cockrell, The Maynard School and Exeter School; Gillian Wales, Cator Park School; Vaughan Webber, Katharine Lady Berkeley's School. Galina Androchnikova, 'Red Square' Translation Service, acted as native consultant. The original *Iskra* logo was designed by Peter Lewis. The secretary and treasurer to the project was Jenny Smith. Irina Scorer did much of the English and Russian typing of drafts. The editor was Diana Roberts. Novosti Photo Library supplied the photographs on pages 4, 40, 61, 70 (top), 112, 114, 118, 120, 122, 124. Judges Postcards Ltd. gave permission to reproduce two postcards on page 1. Mark Wadlow, USSR Photo Library, supplied the photograph of the Petrodvorets Palace on page 21. Thanks are due to all of these and especially to the Nuffield Foundation for its continued financial support without whom the project would not have been viable.

The Pupils' Book is accompanied by a Teacher's Book containing a number of worksheets with activities similar to those in the Pupils' Book, for use mainly as homework. Some of these will be suitable especially for more able pupils. A number of the activities have been recorded on the audio cassette that completes this part of the course. Within the constraints of producing a single course for pupils of a wide range of abilities, we have tried to make the contents easily accessible to all.

K A Smith
September 1992

UNIT 1   *Моя семья*   УРОК 1

Как твоя фамилия?
Какой твой адрес?

ACTIVITY 1

On the tape you will hear four people giving their addresses. To which speaker should each envelope be delivered?
What do you think the following abbreviations stand for?

1 кв   2 д   3 пл   4 ул   5 пр

ACTIVITY 2

Practise asking and answering these questions:

1 Как твоя фамилия? Моя фамилия _____
2 Какой твой адрес? Мой адрес _____

1

Моя семья

UNIT 1

ACTIVITY 3

Listen to Andrei Ivanovich Kedrov talking about his family and look at his family tree.

 Антон Павлович Смирнов (68)
 Мария Ивановна Смирнова (69)

 Галина Максимовна Смирнова (42)
 Борис Антонович Смирнов (44)
 Наталья Антоновна Кедрова (38)
 Иван Викторович Кедров (45)

 Вера Борисовна Смирнова (8)
 Максим Борисович Смирнов (12)
 Андрей Иванович Кедров (14)
 Ирина Ивановна Кедрова (10)

ACTIVITY 4

Match the Russian word with its English meaning.

дедушка, муж, дочь, отчим, брат, бабушка, мачеха, сестра, жена, дядя, тётя, сын, мать, двоюродная сестра, отец, двоюродный брат

wife	father
step-mother	son
uncle	husband
mother	sister
grandfather	grandmother
cousin (m)	brother
daughter	cousin (f)
step-father	aunt

2

ACTIVITY 5

Complete these descriptions of members of the Kedrov family.

A Борис Антонович Смирнов	Меня зовут _____ , а фамилия _____ . У меня есть _____ . Её зовут _____ . Мою жену зовут _____ . У нас _____ и _____ .
B Ирина Ивановна Кедрова	! Меня зовут _____ . У меня есть _____ и _____ . Моего отца зовут _____ и ему _____ .
C Наталья Антоновна Кедрова	Меня зовут _____ . У меня есть _____ . Его зовут _____ и ему 45 лет. У нас _____ и _____ . Сына зовут _____ и дочь _____ .

Have you got more than one brother or sister?

У меня	два три четыре	брата
	две три четыре	сестры

I have two, three, four brothers / sisters

Or none at all?

У меня	нет	брата / сестры

Моя семья

Write a description of your family. Start your description: Семья у нас большая ..... OR Семья у нас небольшая .....

Как он или она выглядит?

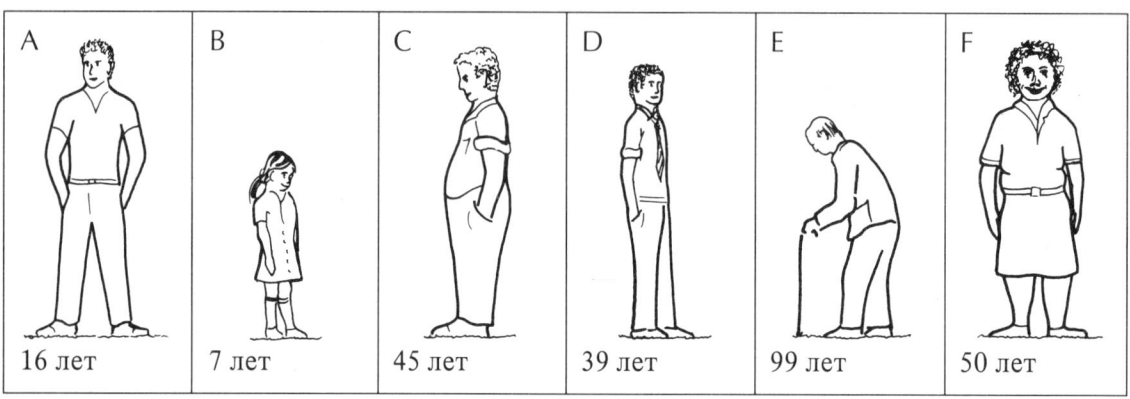

A	B	C	D	E	F
16 лет	7 лет	45 лет	39 лет	99 лет	50 лет

ACTIVITY 6

Which of the descriptions fit the pictures above?

1. Он невысокий и старый.
2. Она худая и немолодая.
3. Он высокий и молодой.
4. Она высокая и толстая.
5. Он невысокий и молодой.
6. Он немолодой и толстый.
7. Она невысокая и молодая.
8. Он толстый и старый.
9. Она высокая и молодая.
10. Он худой и немолодой.

ACTIVITY 7

Now illustrate the FOUR descriptions which do not apply to any of the above pictures.

ACTIVITY 8

Describe the people in the photograph above in as much detail as you can.

Какое у него/неё лицо?

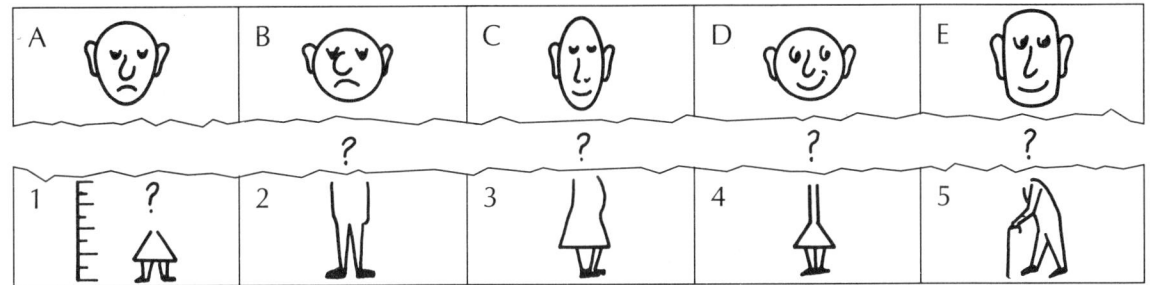

📖 ACTIVITY 9

Read the descriptions below and indicate which face goes with which body.

1 Он старый, и у него круглое лицо.
2 Она высокая и толстая, и у неё овальное лицо.
3 Он высокий и худой. У него круглое лицо.
4 Она невысокая и молодая. У неё длинное лицо.
5 Она высокая и худая. У неё овальное лицо.

🎧 ACTIVITY 10

Listen to the tape and match the face and body combinations in the above pictures.

🎧 ACTIVITY 11

Match the faces with the descriptions you hear on the tape.

ACTIVITY 12

Listen to the tape and match four of the pictures with the given descriptions.

ACTIVITY 13

Read the following extract of a letter from a Russian girl. What does she say about the relatives she mentions?

> Мы живём в Омске. У меня довольно большая семья. У меня есть бабушка, дедушка, мать, отец, брат и две сестры. Я очень люблю бабушку. Ей 70 лет, и она невысокая и толстая. У неё круглое лицо, короткие волосы и карие глаза. Дедушка очень высокий. Ему 69 лет. У него овальное лицо, кудрявые волосы и голубые глаза. Моя мать работает недалеко

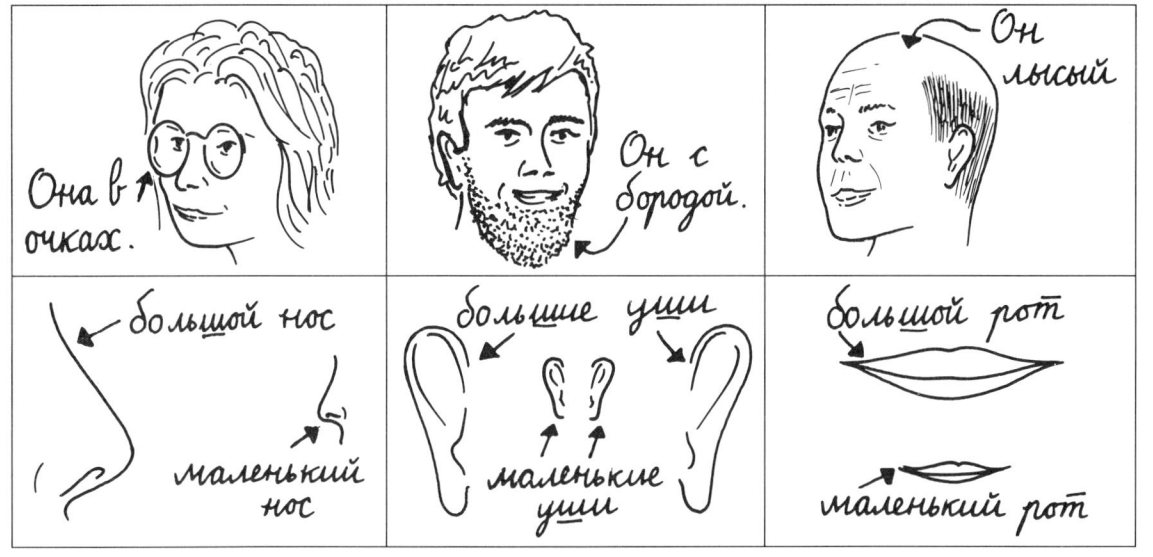

UNIT 1

📖 ACTIVITY 14

Look at the cartoon character and read the description opposite.

Это мой брат!
Он невысокий и худой. Я не люблю его. У него очень круглое лицо, короткие волосы и зелёные глаза. У него очень большие уши, большой нос и большой рот. Он в очках и с бородой.

💬 ACTIVITY 15

 Describe the four cartoon characters below using the descriptions above to help you.

UNIT 1

🎧 ACTIVITY 16

Listen to the descriptions of two people wanted by the police and decide which of the three faces fits the person described.

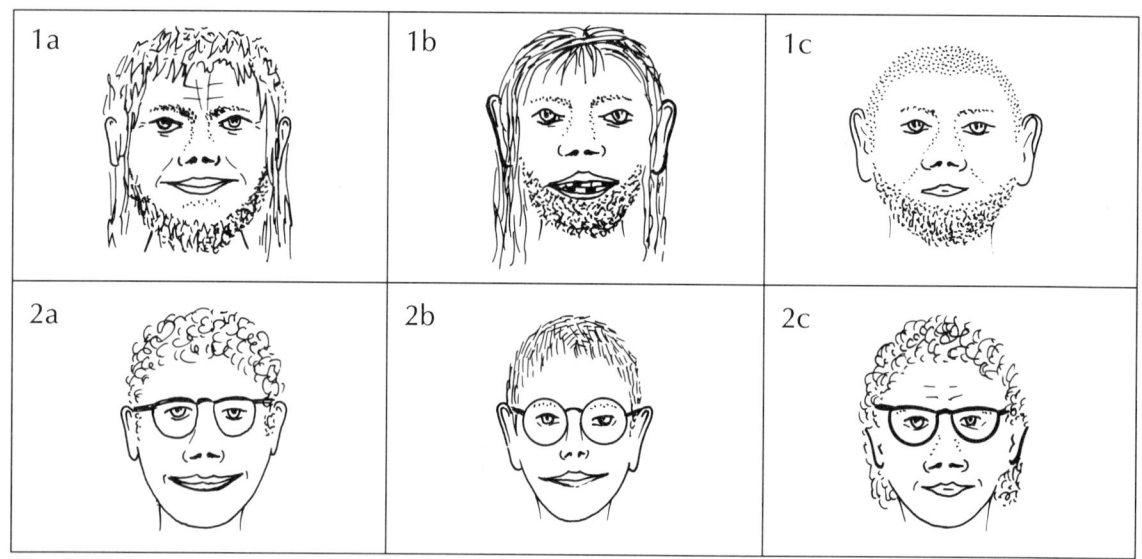

✏️ ACTIVITY 17

Draw a 'Wanted' poster and write out a description below it.

📖 ACTIVITY 18

Work out the words missing in the sentences below to complete the acrostic. All words are connected with descriptions.

1 У него длинные _____.
2 У неё _____ глаза.
3 У меня _____ лицо.
4 У неё круглое _____.
5 У неё _____ волосы.
6 Он _____.
7 У него _____ уши.
8 Она очень _____.

ACTIVITY 19

Misha was asked to write an illustrated letter about his family. Can you rewrite it changing the symbols and figures into words?

Здравствуй, Билл!

У меня довольно большая семья. Мой дедушка очень [старый]. Ему 79 лет. Он [высокий] ✓ [низкий] ✗ и [худой] ✓ [толстый] ✗. У него [весёлое] лицо, короткие [волосы] и голубые [глаза]. Он в [очках] и с [бородой].

Бабушка тоже [старая]. Ей 78 лет. Она очень [маленькая]. У неё [весёлое] лицо, [симпатичное] [кудрявые] волосы и зелёные [глаза]. Она тоже в [очках].

Мой отец милиционер. Он очень [высокий] ✓ [низкий] ✗ и [средних лет 45–50?]. Ему [1945–92] лет. У него [весёлое] лицо, [уши] и [нос]. У него [губы] и он [лысый]. Моя мать не работает. Она [высокая] и [толстая]. У неё [весёлое] лицо, [длинные] волосы и карие [глаза]. У неё [губы], [уши], и [нос] ✓ ✗. И наконец у меня есть сестра! Она [маленькая] и [худая]. У неё [весёлое] лицо, [кудрявые] волосы и голубые [глаза]. У неё ✗ ✓ [нос], [уши] и [губы]. Она в [очках]. Я не люблю её!

До свидания
Миша

Где вы работаете?

UNIT 1

🎧 ACTIVITY 20

Listen to the tape and decide which of these pictures matches the description you hear.

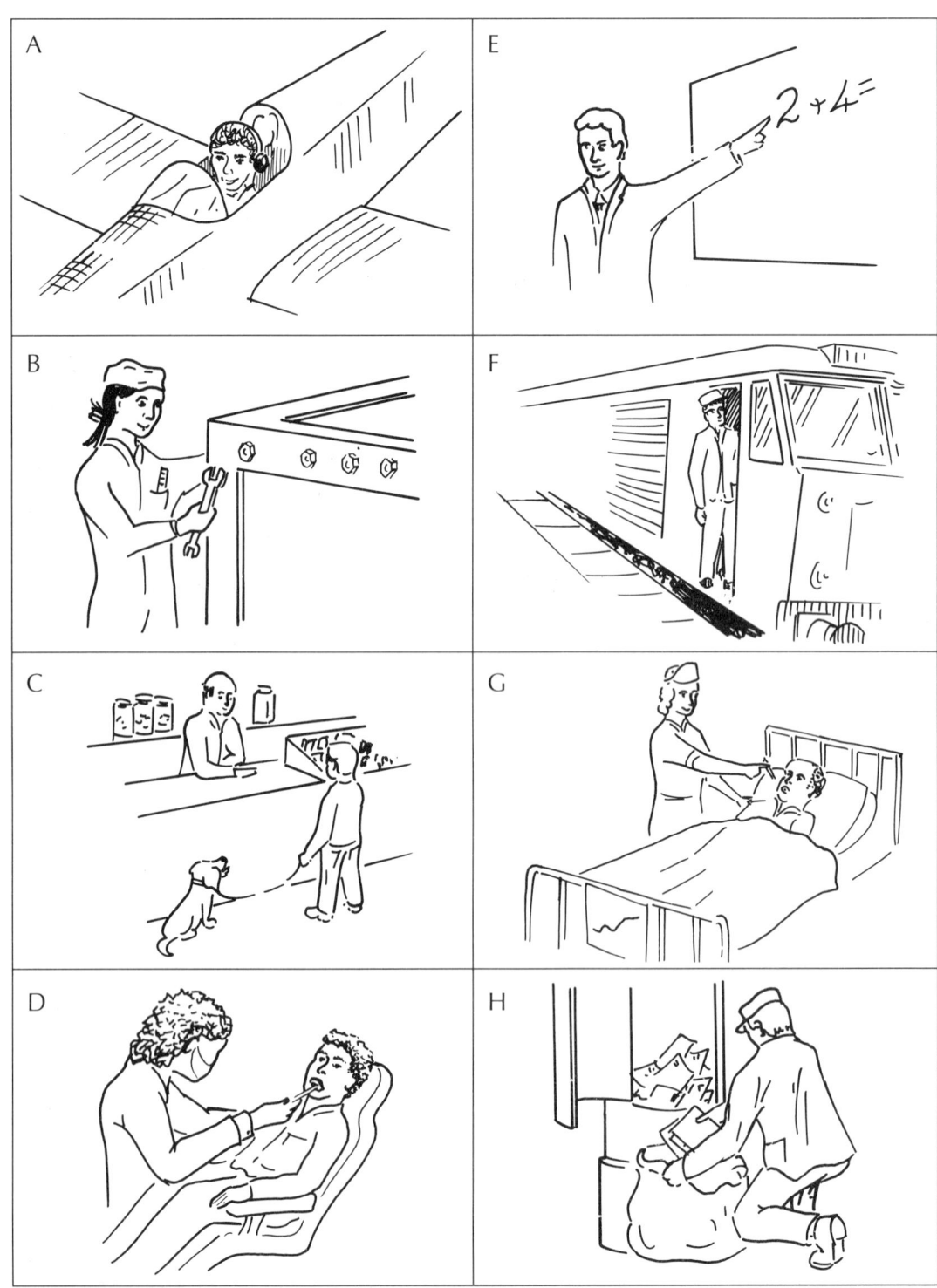

ACTIVITY 21

 These are extracts from eight letters. In each case give two details about the person who is being described.

1

Ему 18 лет, и он работает в магазине. Он очень любит спорт.

2

Она живёт недалеко отсюда и работает в школе в центре города.

3

Моя сестра Наташа работает в поликлинике но ей не нравится работать там.

4

Моя тётя Параша живёт в Киеве. Она работает недалеко от вокзала.

5

Как ты уже знаешь она работает на вокзале. Она очень любит свою работу.

6

У меня есть брат. Ему 20 лет и он работает в больнице.

7

Мой дядя инженер. Он работает на фабрике в Москве.

8

Моя двоюродная сестра очень хорошая спортсменка. Она работает на стадионе в Киеве.

ACTIVITY 22

Suggest how the people in the pictures on the page opposite would explain where they worked.

ACTIVITY 23

Study this pool of words. Then as you listen to the tape choose the ones which complete the statement.

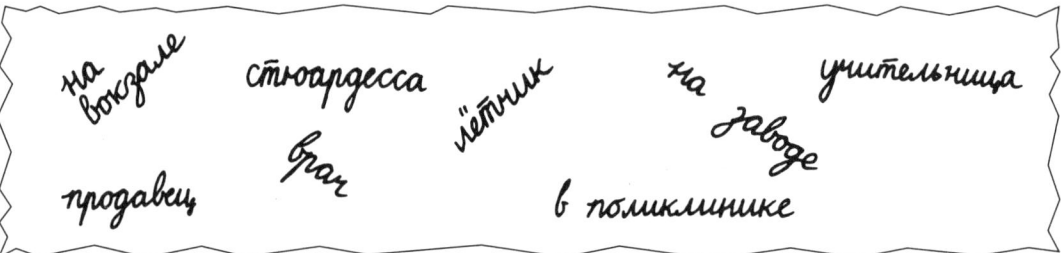

на вокзале   стюардесса   лётчик   на заводе   учительница
продавец   врач   в поликлинике

ACTIVITY 24

Which of these four words is the odd one out?

1 стюардесса, медсестра, милиционер, учительница.
2 машинист, лётчик, стюардесса, продавщица.
3 медсестра, почтальон, зубной врач, врач.

ACTIVITY 25

Study these occupations. Rearrange the list so that they are ranked in your own order of preference, with the one that you would find most interesting at the top.

1 инженер.
2 солдат.
3 фермер.
4 секретарь/секретарша.
5 продавец/продавщица.
6 зубной врач.
7 машинист.
8 лётчик.
9 учитель/учительница.
10 милиционер.

ACTIVITY 26

Can you find 10 jobs in this grid?

х	ф	р	е	н	е	ж	н	и
м	е	д	с	е	с	т	р	а
у	п	р	о	д	а	в	е	ц
а	ч	а	р	ь	д	л	к	з
м	к	и	ч	т	ё	л	г	ы
ъ	р	а	т	е	р	к	е	с
р	е	м	р	е	ф	б	е	ш
ё	в	т	а	д	л	о	с	ж
п	о	ч	т	а	л	ь	о	н

> Киев 7ое декабря
>
> Здравствуй, Джейн!
>
> Меня зовут Иван, а фамилия Семёнов. Мне 13 лет, и я живу в Киеве, столице Украины. Это очень красивый город. Семья у нас большая. У меня есть брат и три сестры. К сожалению, сёстры больше не живут у нас, но сейчас у нас бабушка и дедушка живут. Моего брата зовут Леонид. Ему 16 лет, и он хочет стать врачом. Мы живём дружно и почти никогда не ссоримся.
>
> В августе мы с братом поедем к тёте. Её зовут Ирина. Ей 50 лет, и она живёт в деревне на Урале. Что ты будешь делать летом?
>
> Твой друг Иван.

ACTIVITY 27

Read Ivan's letter to Jane and answer the following questions:

1. Who lives with Ivan?
2. How old is Ivan's brother? What does he want to be?
3. Where are Ivan and Leonid going to spend their holidays?
4. How many people are there in Ivan's family?

WHAT HAVE YOU LEARNED?

In this unit you have learned how to:

1 Ask someone's name

Как	твоя его её	фамилия?

State someone's name

моя его её	фамилия	Иванов Смит Джоунс

2 Ask someone's address

Какой	твой его её	адрес?

State someone's address

мой его её	адрес, улица... дом...

3 Say how many brothers or sisters you have

У меня	2, 3, 4	брата
	нет	
	две, 3, 4	сестры
	нет	

I have	2, 3, 4	brothers
I don't have		a brother
I have	2, 3, 4	sisters
I don't have		a sister

4 Describe someone's general appearance/stature

Он	Она
высокий толстый молодой	высокая толстая молодая

He is	She is
tall fat young	tall fat young

5 Describe someone's features

У	меня него неё	круглое овальное	лицо
		длинные короткие	волосы
		голубые тёмные карие	глаза
		маленькие большие	уши
		большой маленький	нос рот

		a round an oval	face
		long short	hair
I have He has She has		blue dark brown	eyes
		small large	ears
		a large a small	nose mouth

6 Express descriptive phrases

| я/он/она | в | очках |
| я/он | с | бородой |

| I/he/she | wear(s) glasses |
| I/he | have/has a beard |

7 Say where people work

я	работаю	в	магазине
он	работает		школе
она			банке
они	работают	на	фабрике

I	work		a shop
He	works	in	a school
She			a bank
They	work		a factory

8 Say what people's jobs are

я	–	студент
он	–	учитель
она	–	врач

I	am	a student
He	is	a teacher
She	is	a doctor

UNIT 1

15

Remember the words!

In this unit you have met the following words:

фамилия	surname	нос	nose
адрес	address	рот	mouth
семья	family	уши	ears
бабушка	grandmother	очень	very
дедушка	grandfather	выглядеть	to look (like)
муж	husband	магазин	shop
жена	wife	школа	school
тётя	aunt	поликлиника	health centre
дядя	uncle	больница	hospital
двоюродный брат	(boy) cousin	фабрика	factory
двоюродная сестра	(girl) cousin	стадион	stadium
отчим	step-father	аэропорт	airport
мачеха	step-mother	бюро	office
высокий	tall	завод	works/factory
невысокий	short	продавец	shop assistant (m)
старый	old	продавщица	shop assistant (f)
молодой	young	медсестра	nurse
немолодой	middle aged	врач	doctor
худой	thin	лётчик	pilot
толстый	fat	стюардесса	stewardess
круглый	round	машинист	train driver
овальный	oval	почтальон	postman
длинный	long	учитель	teacher (m)
лицо	face	учительница	teacher (f)
довольно	fairly	милиционер	policeman
кудрявый	curly	зубной врач	dentist
короткий	short (hair)	инженер	engineer
прямой	straight	солдат	soldier
голубой	blue	фермер	farmer
зелёный	green	секретарша	secretary (f)
карий	brown/hazel	секретарь	secretary (m)
серый	grey	столица	capital
тёмный	dark	красивый	beautiful
очки	glasses	почти	almost
борода	beard	никогда не	never
лысый	bald	ссориться	to argue/quarrel
большой	large	спортсмен	sportsman
маленький	small	спортсменка	sportswoman

UNIT 2   *Какой у тебя город?*   УРОК 2

ACTIVITY 1   Где ты живёшь?

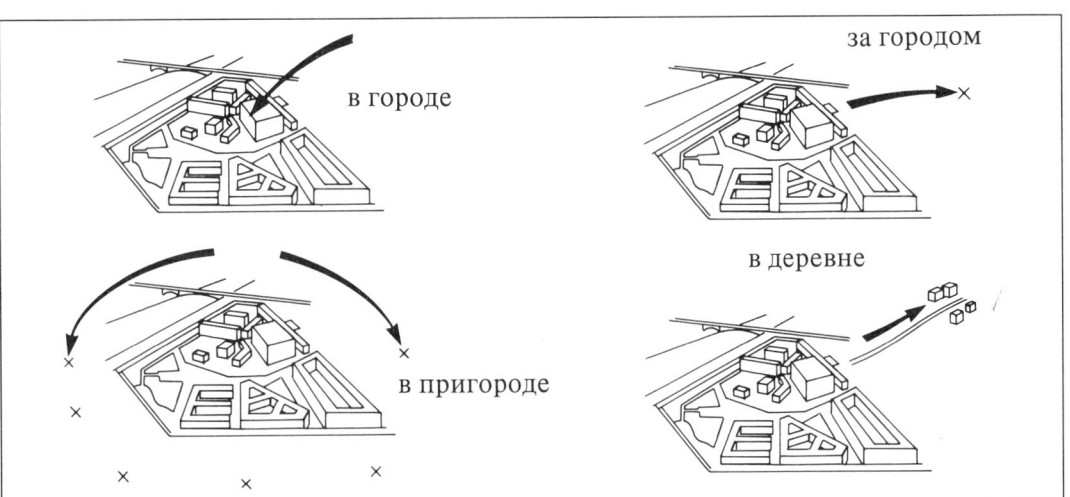

ACTIVITY 2

Draw in your exercise books a grid like the one below. Listen to the tape and indicate with a tick where the people live and enter any additional details.

	в городе	в деревне	в пригороде	за городом
1				
2 ↓				
10				

ACTIVITY 3

How would you describe where the following people live?

1	Моя сестра	4	Брат и сестра	7	Мы
2	Иван и Таня	5	Моя бабушка	8	Моя семья
3	Студент	6	Мой брат	9	Мой дядя

ACTIVITY 4

Using the alphabet below can you work out what these signs are?
Rewrite them in Cyrillic cursive script.

1 САНКТ-ПЕТЕРБУРГ	1 пр. МИРА	1 ВХОД
2 ОМСК	2 ул. МАРКСА	2 ГАСТРОНОМ
3 МИНСК	3 НЕВСКИЙ ПРОСПЕКТ	3 МУЗЕЙ
4 НОВОСИБИРСК	4 ул. ПУШКИНА	4 МЯСО
5 ЕКАТЕРИНБУРГ	5 ул. ЧЕХОВА	5 ОВОЩИ
6 СОЧИ	6 пр. КАЛИНИНА	6 ФРУКТЫ
7 ВЛАДИВОСТОК	7 ул. ДОСТОЕВСКОГО	7 ТУАЛЕТ
8 ИРКУТСК	8 ул. ЧАЙКОВСКОГО	8 АЭРОПОРТ
9 ПЕРМЬ	9 пр. ЛЕНИНА	9 ПОЧТА
10 МОСКВА	10 ул. ГОГОЛЯ	10 МОЛОКО

Аа Бб Вв Гг Дд Ее Ёё Жж Зз
Ии Йй Кк Лл Мм Нн Оо Пп
Рр Сс Тт Уу Фф Хх Чч Цц
Шш Щщ Ыы Ьь Ээ Юю Яя

Вы понимаете?

1

Моя фамилия Цветкова, и меня зовут Зоя. Мне 13 лет. Я живу на севере России в Петербурге. Мой адрес – Петербург, ул. Первомайская, 24/16. Я живу в центре. В моей семье – я, мама, папа, брат и бабушка. Я очень люблю бабушку. Ей 65 лет и она ещё работает в библиотеке. Мать медсестра, отец милиционер. Мы все любим смотреть телевизор и мои родители очень любят классическую музыку

UNIT 2

2

зовут Таня и мне 14 лет. Моя фамилия Никитина. Курск, где я живу, находится на западе. Мой адрес – пр. Кутузова, 23/11. Я не знаю где ты живёшь, так что пиши мне, пожалуйста. У меня есть только мать. Я думаю, что она очень красивая. У неё длинные светлые волосы и голубые глаза. У неё

3

Меня зовут Алексей а фамилия Агафонов. Мне 14 лет и я живу в Сочи.

Мой адрес: 354000 Сочи, ул. Жданова, д. 15, кв. 12. Моя мать не работает, а отец – врач. Он работает в больнице недалеко от дома. У меня две сестры. Их зовут Света и Ира. Я очень люблю спорт – и поп-музыку, а мои сёстры совсем не любят спорта

ACTIVITY 5

Read the above extracts from letters which have arrived at your school asking for penfriends. Then answer the questions below by indicating just the number of the appropriate letter.

1. Which is the largest family?
2. Which family lives in the north?
3. Which child has two sisters?
4. Whose mother doesn't work?
5. Which is the smallest family?
6. Which family likes watching television?
7. Who lives in the west of Russia?
8. Which TWO mothers work?
9. Which TWO have no sisters?
10. Which TWO fathers work?
11. Who thinks her mother is very attractive?
12. Who mentions her grandmother?

Какой у тебя город?

ACTIVITY 6

Read the following extracts. Using the information given, see whether you can match the Russian words in the box with their English meaning.

МОСКВА

Москва очень большой город. Там живёт 8 миллионов человек. Город был основан в 1147 и поэтому это также очень древний город. Каждый год много туристов приезжает в Москву – значит Москва также туристический город.

ПИЦУНДА

Пицунда находится на юге России недалеко от Сочи на берегу Чёрного моря. Здесь погода всегда хорошая. Сюда приезжает очень много туристов. Это маленький, туристический город. Здесь нет никаких заводов, поэтому это не промышленный город.

НОВОСИБИРСК

Новосибирск очень большой промышленный город. В нём много заводов и фабрик. Он был основан в 1903, поэтому Новосибирск очень современный город. Новосибирск находится в Сибири.

большой	industrial
современный	ancient
туристический	large
древний	tourist
промышленный	small
маленький	modern

ACTIVITY 7

Answer the following questions in Russian.

1 Где ты живёшь?
2 Ты живёшь в городе или в деревне?
3 Как называется твой город или твоя деревня?
4 Где он/она находится?
5 Какой у тебя город или какая у тебя деревня?
6 Что есть в твоём городе?

ACTIVITY 8

Write to a new penfriend in Russia about your town using the sort of information from **Activities 6** and **7** and adding to it any information about your family.

ACTIVITY 9

Write the number of the town mentioned on the tape and note two facts about it.

1 Киев.
2 Петрозаводск.
3 Суздаль.
4 Таганрог.
5 Новгород.
6 Сочи.
7 Петербург.
8 Владивосток.

ACTIVITY 10

Here are some of the places you might see if you visited Russia.

Вот мост через реку Нева в Петербурге.

Это очень старая церковь в деревне.

Это Покровский собор в центре Москвы.

Вот памятник Пушкину в городе Пушкин.

Вот центральный военно-морской музей в Петербурге.

Это дворец, где жили цари. Это Петродворец.

1. Which river does the bridge cross?
2. Who is sitting on the bench on the monument?
3. Where is the old church?
4. Where is the museum?
5. Where in Moscow is the cathedral?
6. Who lived in the palace?

ACTIVITY 11

Read this description and answer the questions in English below.

> **Наш Город**
>
> Мы живём в Красногорске. Наш город довольно большой. В нём есть собор и шесть церквей. В центре города – старый мост через реку Волга. В пригороде есть интересный исторический музей.
>
> В деревне стоит дворец, где жили цари. В парке дворца памятник Толстому. Правда, у нас в Красногорске интересные достопримечательности?

1 What is the name of the town?
2 Is it large or small?
3 Does it have a cathedral?
4 Is there more than one church?
5 What can you see in the town centre?
6 Which river flows through the town?
7 Where is the museum?
8 What sort of museum is it?
9 What can you see in the countryside?
10 Where exactly is the monument?

What do you think достопримечательности means?

ACTIVITY 12

Listen to this person describing his town. Which places does he mention?

1 List the six places in the order you hear them.
2 Try to listen for some extra information about each one.

Put your information in a table like this. The first place is done for you.

	Place	Extra information
1	monument	to Dostoyevsky

Can you remember what these places are?

	музей		бассейн
	дворец		школа
	театр		библиотека
	кинотеатр		завод
	парк		больница
	памятник		вокзал
	зоопарк		церковь
	собор		кафе

ACTIVITY 13

On the tape you will hear someone answering questions about one of these six towns. You must work out which town it is.

What do you think a **спортивный комплекс** is?

ACTIVITY 14

Now choose one of the towns yourself. Your partner must find out which town you have chosen by asking questions, for example: **в городе есть собор?**
And you may answer only **да** or **нет**.

ACTIVITY 15

Listen to your penfriend telling you what there is to do in her town. Which of these places can you go to?

What else can you do in the town?

Activity 16

 Can you pair up these questions and answers so that John knows what he can do at Irina's?

1. Можно посмотреть спектакль?
2. Можно поплавать?
3. Можно покататься на коньках?
4. Можно посмотреть фильм?
5. Можно сыграть в волейбол?
6. Можно купить подарки?

а Конечно, у нас большой бассейн.
б Театр находится около церкви.
в У нас хороший спортивный комплекс.
г В центре города два кинотеатра.
д Каток напротив спортивного комплекса.
е У нас огромный универсальный магазин.

Activity 17

What can you do in your town? Think of five phrases to describe what you can do, using можно + -ть. The examples above should help you.

Activity 18

This is a very strange town. Can you work out why?
What happens to words after у нас нет?
Use these words to make a table of the changes in your book.

вокзал	школа	озеро
парк	почта	
театр		
магазин	опера	кафе

Activity 19

Look at the pictures and say what is in this town, and write a paragraph about it.

🏺	✓	🚂	✗	🎭	✗
🗿	✗	⛪	✗	🎥	✓
➕	✗	⛪	✓	👨‍🏫 2+2	✗

ACTIVITY 20

An English friend has written you this letter in Russian. She couldn't remember all the words she wanted to write, so she used symbols instead. Can you write what she wanted to say? You will need to learn the vocabulary in the box on page 27 before you start this exercise.

UNIT 2

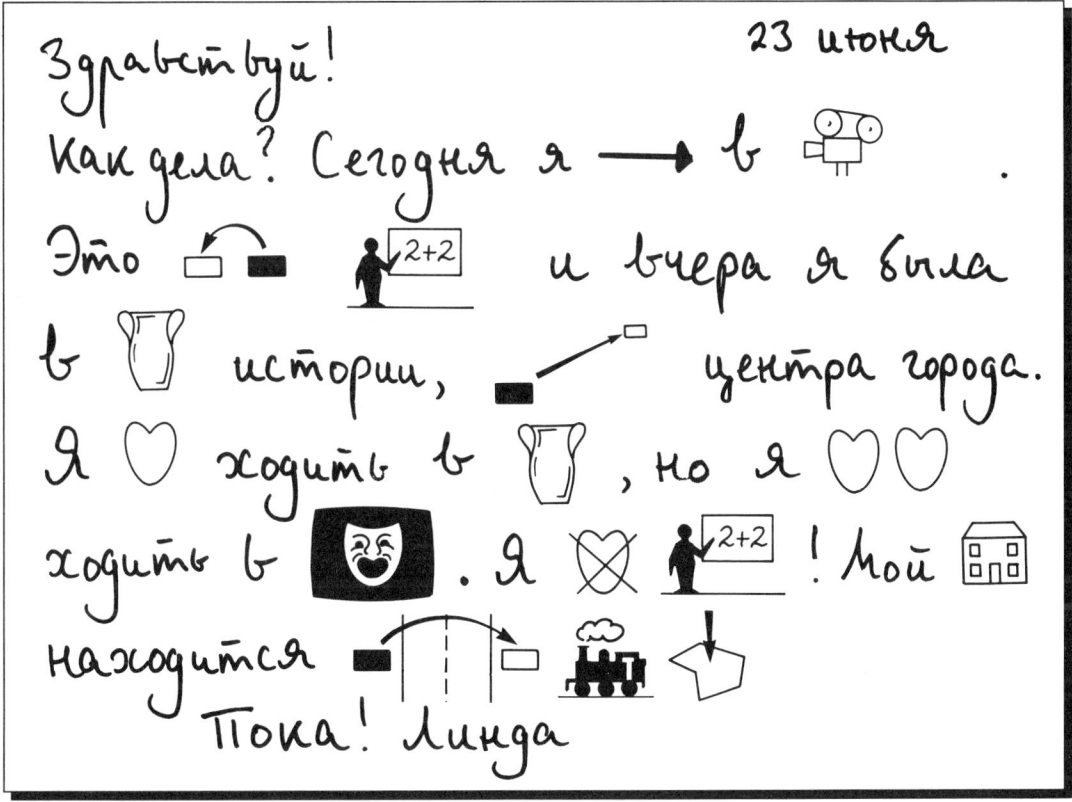

ACTIVITY 21

Listen to Olga telling you about her town. Do you think it would be an interesting place to visit? Why?
Pick out six things you would like to do.

скучно в деревне!

ACTIVITY 22

Olga now takes you on a short tour of her town centre. Look out for the different places she mentions on the map below and follow her route.

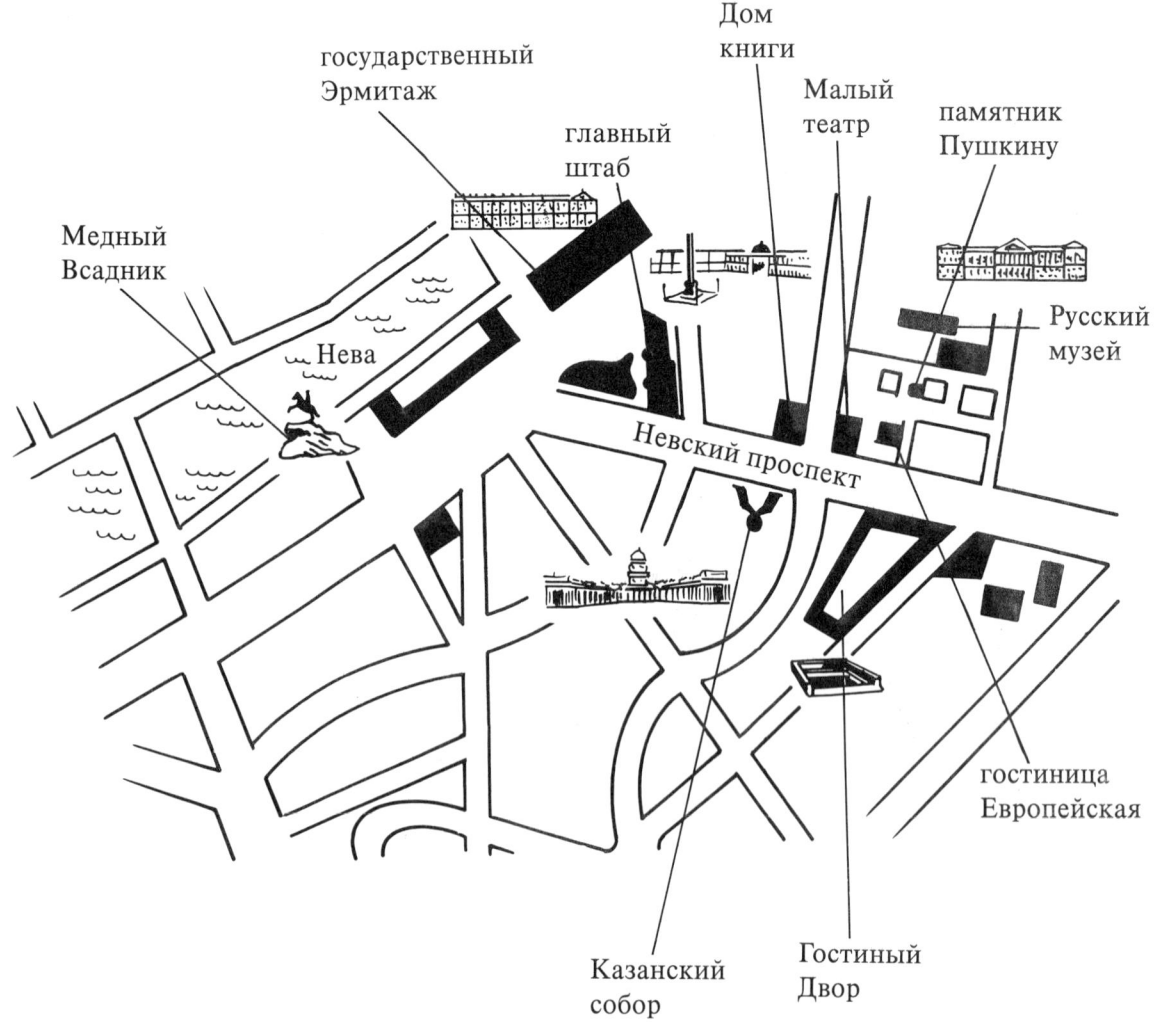

ACTIVITY 23

Listen again, and this time try to work out exactly what she's saying about these places and where they are. Use the map to help you.

Гостиный Двор
гостиница
Малый театр
площадь
памятник Пушкину

Русский музей
собор
Дом книги
главный штаб
Медный Всадник

Here are some of the words Olga used to describe where places are.

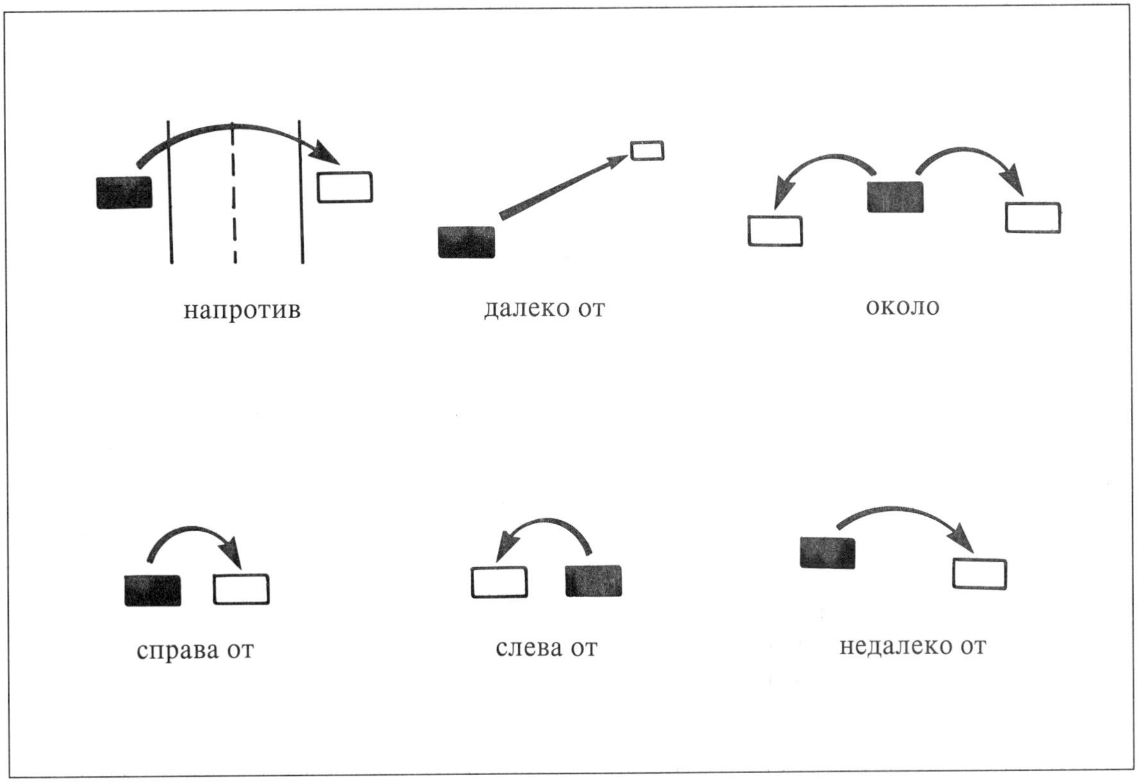

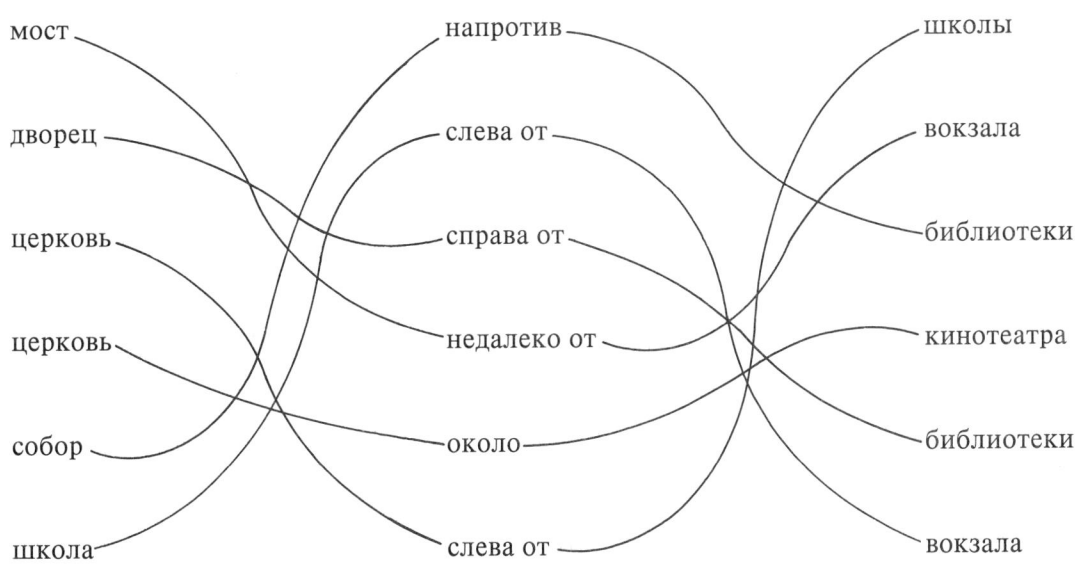

ACTIVITY 24

What do you notice about the words which follow them?
Follow the spaghetti lines to find out where these places are.
Could you draw a diagram to show what the street looks like?

мост	напротив	школы
дворец	слева от	вокзала
церковь	справа от	библиотеки
церковь	недалеко от	кинотеатра
собор	около	библиотеки
школа	слева от	вокзала

ACTIVITY 25

How would you tell a Russian visitor where things are in your town centre?

ACTIVITY 26

Make notes about where the important places are in this town so you could find them.

ACTIVITY 27

Follow the directions below on the map, starting at the arrow.
Which places do they lead you to?

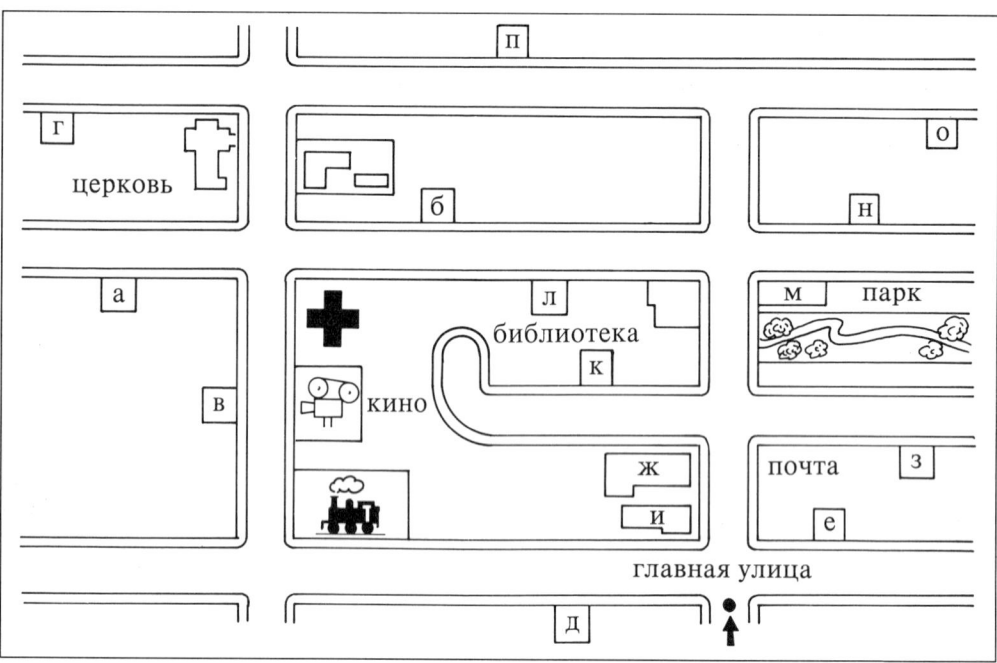

1 Идите прямо, потом направо. Направо увидите дом Юры.
2 Идите прямо до почты, потом налево. Серёжа живёт на правой стороне этой улицы.
3 Идите прямо до библиотеки. Бассейн находится напротив библиотеки.
4 Идите прямо до конца этой улицы. Потом идите налево. Дом Ирины около церкви, на левой стороне улицы.
5 Идите прямо до библиотеки. Потом идите налево. Иван живёт недалеко от библиотеки, налево.
6 Идите до главной улицы, потом идите налево. Идите направо мимо вокзала, потом идите до кинотеатра. Я живу напротив кинотеатра.

ACTIVITY 28

Now give your partner directions to different places on the map.
Can your partner follow your directions?

ACTIVITY 29

Ann's penfriend has sent these instructions about how to reach her house. Make notes in English about which way to turn and the buildings you will see on the way.

> среда, 6-ое мая
>
> Дорогая Анн!
> Ты приедешь поездом, да? Тебе нужно идти до моего дома пешком. От вокзала иди прямо до школы, потом направо до кинотеатра. Там иди налево. Это Садовая улица. Иди сто метров, до больницы. Мой дом находится напротив больницы. Я живу на четвёртом этаже.
> До скорого! Варя

83 Leonard Road
BECKENHAM
Kent
Великобритания
Miss A. White

ACTIVITY 30

Here are some instructions you might want to send to a penfriend. Complete the phrases using the words in the box.

Иди _____, потом _____. Вот _____ направо. Напротив школы увидишь универмаг. Справа _____ _____, увидишь улицу. Это _____ _____. Иди прямо. Я _____ в номере _____, на _____ этаже.

школа	от	прямо
пятнадцать		универмага
моя	живу	улица
налево		втором

WHAT HAVE YOU LEARNED?

In this unit you have learned how to:

1 Ask what a person's town is called and say what yours is called

Как называется твой город?

Мой город называется Лидс.

2 Ask whether the town has certain amenities

В городе	есть	бассейн? каток? театр?

In the town	is there	a pool? a rink? a theatre?

3 Ask where a place is located

Где	находится	бассейн? вокзал? стадион?

Where	is (situated)	the pool? the station? the stadium?

4 Give positions of places in relation to other buildings/places

Он Она Оно	находится	около слева от справа от далеко от недалеко от напротив	банка школы озера

It	is (situated)	near to the left of to the right of a long way from not far from opposite	the bank the school the lake

5 Give instructions for getting there

Идите	прямо налево направо
	до	банка

Go	straight on to the left to the right
	as far as	the bank

6 Say what amenities a town *does not* have

У нас нет	вокзала стадиона театра школы озера

We don't have	a station a stadium a theatre a school a lake

7 Say what it is possible to do in the town

Можно	купить сувениры сыграть в волейбол кататься на коньках посмотреть фильм		It's possible/ one can	buy souvenirs play volleyball go skating watch a film

REMEMBER THE WORDS!

In this unit you have met the following words:

аббатство	abbey	называется	is called
абсолютно	absolutely	напротив	opposite
большой	large	находится	is situated
вернуться	to return	недалеко от	not far from
вещь	a thing	нужно	it's necessary
видно	visible	огромный	huge
волейбол	volleyball	озеро	lake
всегда	always	остановка	(bus) stop
вход	entrance	памятник	memorial
город	town/city	пиши мне	write to me
гулять	to go for a walk	плавать	to swim
дворец	palace	площадь	a square
деревня	village	подарок	a present
довольно	fairly	пригород	suburb
древний	ancient	промышленный	industrial
достопримечательности	the sights	река	river
за городом	out of town	слева от	on the left of
заниматься	to 'do'	собор	cathedral
здание	building	современный	modern
здесь	here	спектакль	a show
канал	canal	спортивный комплекс	sports centre
картина	picture	справа от	on the right of
кататься	to go	сторона	side
на коньках	skating	только	only
на лыжах	skiing	туалет	toilet
контора	office	туристический	tourist
красивый	beautiful	универмаг	dept. store
кремль	Kremlin	ходить	to walk/go
купить	to buy	царь	tsar
маленький	small	церковь	church
мимо	past	цирк	circus
можно	it's possible	человек	person
мост	bridge	что угодно	as/what you like
музей	museum	этаж	storey/floor

UNIT 2

UNIT 3   *Что у тебя в доме?*   УРОК 3

Где мы живём

Серёжа живёт в Москве. Вот план его квартиры на восьмом этаже большого дома.

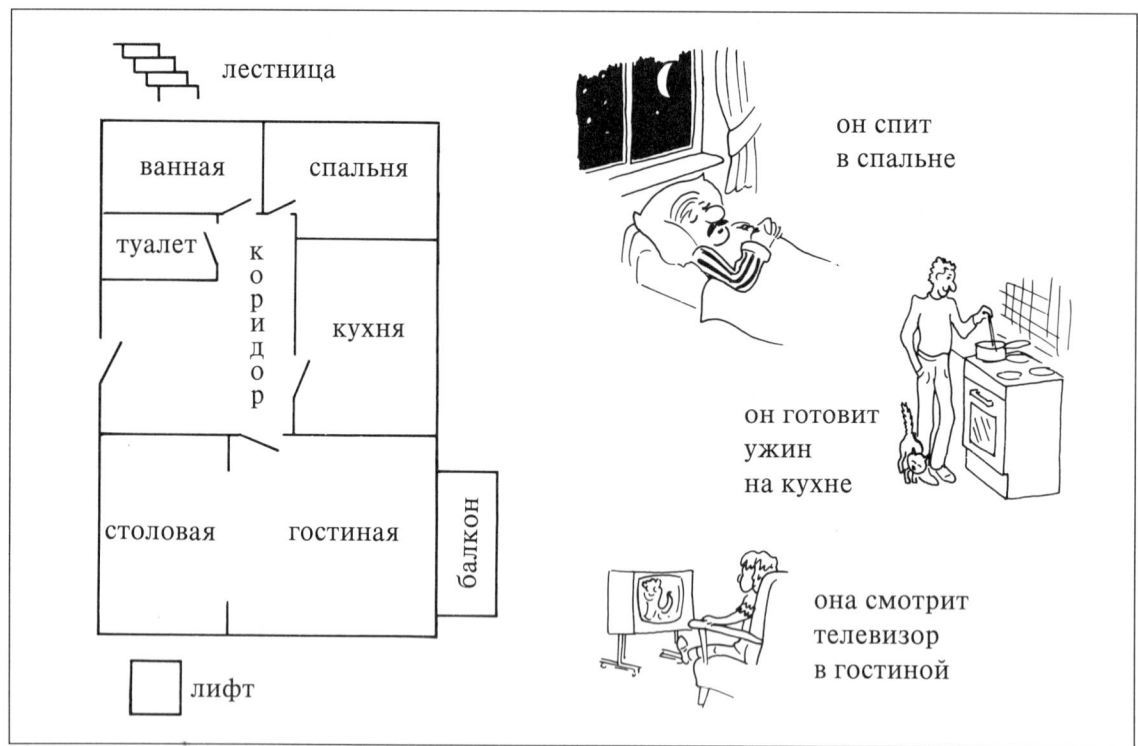

👂 ACTIVITY 1

Ask your partner if he/she

1. sleeps in the kitchen, and if not, where …?
2. watches television in the bathroom …?
3. cooks in the bedroom …?

Use these boxes to help you.

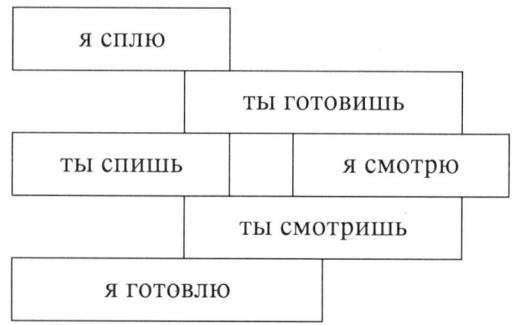

В гостиной

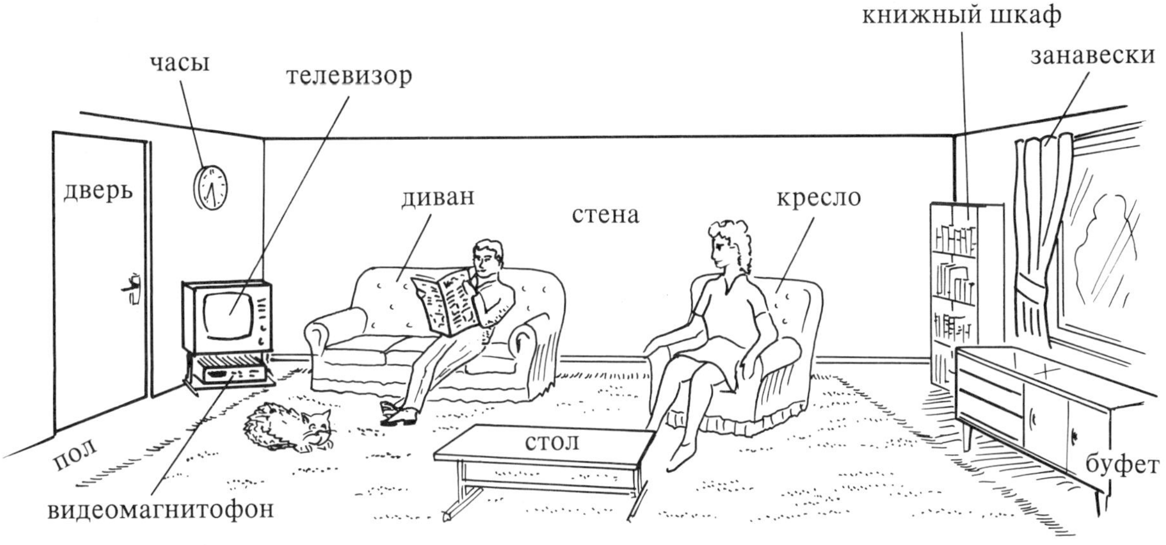
часы
телевизор
книжный шкаф
занавески
дверь
диван
стена
кресло
пол
стол
буфет
видеомагнитофон

Activity 2

Using the picture above say what is where:

папа

сидит на полу

мама

читает журнал

кот

смотрит телевизор

часы

на восьмом этаже

занавески

справа от буфета

книжный шкаф

на стене

квартира

около окна

В кухне
плита
холодильник
стиральная машина
он моет посуду

Activity 3

True or false? Listen to the cassette. Write down the numbers 1 to 10 and write *True* (*T*) or *False* (*F*) beside each number.

ACTIVITY 4

Match word and object:

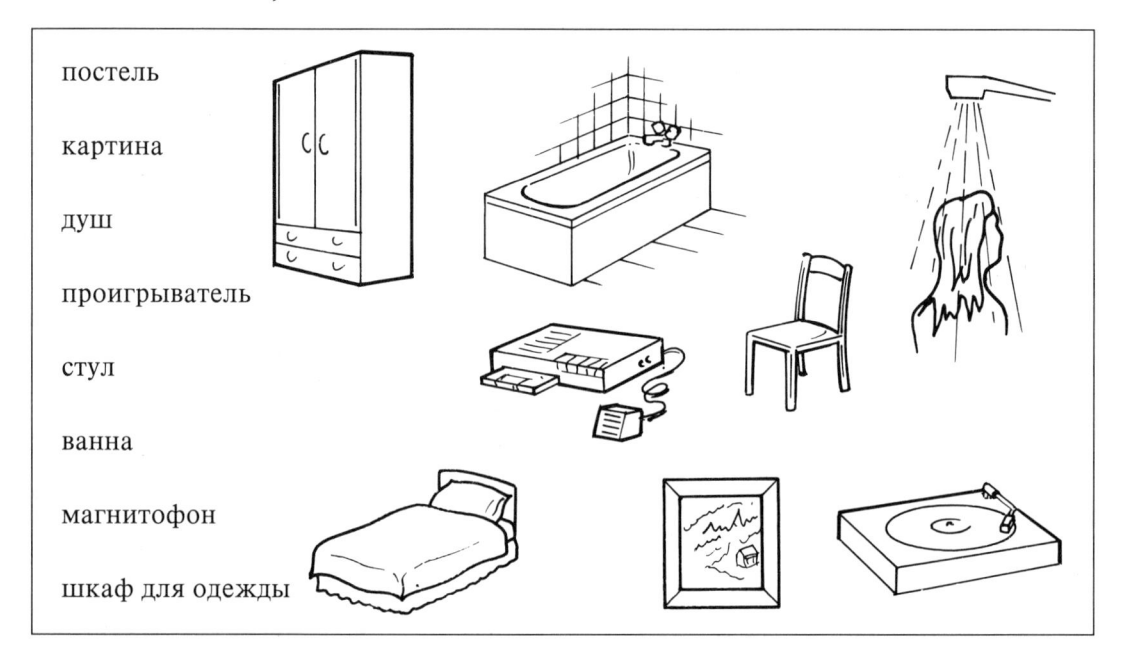

постель

картина

душ

проигрыватель

стул

ванна

магнитофон

шкаф для одежды

ACTIVITY 5

Ask your partner if he/she has these objects at home and if so, where?
For example: У тебя есть душ? Где он?

в	ванной
	гостиной
	столовой

ACTIVITY 6

Fill in the blanks with appropriate words:

1 Холодильник в _____

2 Ванна в _____

3 Телевизор в _____

4 Часы в _____

5 Зеркало в _____

6 Занавески в _____

ACTIVITY 7

Find the odd one out:

1 (a) лифт
   (b) спальня
   (c) лестница

2 (a) ванная
   (b) туалет
   (c) ковёр

3 (a) занавески
   (b) видеомагнитофон
   (c) телевизор

4 (a) зеркало
   (b) коридор
   (c) часы

ACTIVITY 8

Draw a plan of a grandmother's room based on her description:

У меня большое окно и длинные занавески. Около окна книжный шкаф. В углу телевизор и справа от телевизора стол и три стула. Постель стоит около двери и слева от неё маленький столик. На столике часы и телефон и иногда даже цветы, и на стене зеркало и лампа. Шкаф для одежды недалеко от постели. Ковёр не на полу, а на стене.

кот на полу в шкафу в углу

ACTIVITY 9

Listen to the cassette, then answer the questions:

1. Where does Seriozha live?
2. What floor does he live on? Can he use both stairs and lift?
3. Where does he do his homework?
4. How does he describe the bathroom?
5. Where do they sometimes sit in fine weather?

ACTIVITY 10

Write to Seriozha describing where you live.

Какие комнаты у вас?
Какая мебель в каждой комнате?

ACTIVITY 11

Write a list of all the things you might reasonably expect to find in this room. Don't forget the samovar!

The water in a samovar used to be heated by charcoal or pinecones in the central chimney. In a modern samovar an electric element heats the water. Russians like to drink tea with lemon and sugar or with jam, which is served on small individual saucers.

ACTIVITY 12

True or false. Are these statements true? If not, can you suggest a true statement?

For example: Ковёр на стене?
　　　　　　　Нет, ковёр не на стене, а на полу.

1. Серёжа смотрит телевизор.
2. Он сидит на диване.
3. На столе кассета.
4. Книги на полу.
5. Книжный шкаф слева от кресла.

ACTIVITY 13

Где сидит Ольга? Что она делает? Что ещё на снимке? Ответьте, есть или нет: часы, плита, постель, стол, книжный шкаф …?

ACTIVITY 14

Ask your partner these questions:

1 Что у тебя в спальне?
2 Где ты делаешь домашнее задание?
3 Где ты смотришь телевизор?
4 Кто у вас дома обычно готовит ужин?
5 Кто у вас дома любит смотреть телевизор?
6 В каких комнатах у вас дома есть ковры?
7 Какая мебель у вас в гостиной?

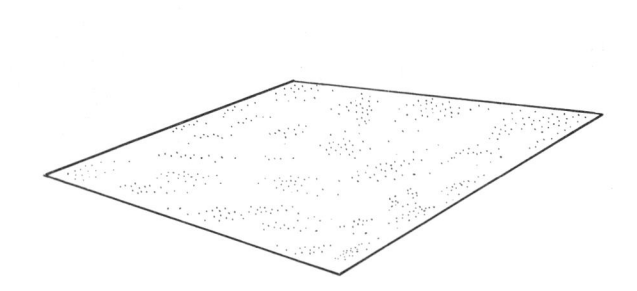

Activity 15

Unscramble the sentences:

сидит   делает   отец   в столовой
в спальне   моет
семья
посуду
на кухне
домашнее задание
Серёжа

Here are some photographs to help you.

What else can you see in the photographs?

Еда

ACTIVITY 16

Now it's your turn. Using the boxes below tell your neighbour what you usually have for breakfast, lunch and evening meal.

на	завтрак	я ем	гренки хлеб бутерброд	с	маслом сыром ветчиной колбасой вареньем
	обед		яйцо яблоко мороженое		
			кашу		
			курицу	с	рисом картошкой
	ужин		пиццу		
		я пью	чай	с	лимоном сахаром
			лимонад кофе		
			молоко		
			Пепси		

ACTIVITY 17

Unscramble the following foods and drink.

амосл
ойця
амлдино
номли
шаак
офке

Now take each word in turn and write down the letter indicated below to find the mystery word.

First ☐
Last ☐
First ☐
Fourth ☐
First ☐
Second ☐

UNIT 3

Интервью

- Ирина, в котором часу ты завтракаешь?
- Я завтракаю в семь тридцать с мамой и папой.
- Что ты обычно ешь и пьёшь на завтрак?
- Я ем гренки с маслом и вареньем и пью чай с сахаром.
- Ты обедаешь дома?
- Нет, в школе. На обед я ем суп или салат, а потом пиццу или котлеты и пью сок.
- А что ты ешь вечером, когда ужинаешь?
- Я ем курицу или ветчину с картошкой или салатом и хлеб, конечно, а на сладкое мусс или торт.

ACTIVITY 18

Read the interview with Irina above then decide if the sentences below are *True* (*T*) or *False* (*F*).

1. Irina has breakfast at 7.15.
2. She has breakfast with her mother and brother.
3. She drinks milk with her breakfast.
4. She has lunch at home.
5. She has soup or salad to begin with.
6. She drinks fruit juice with her meal.
7. She sometimes has chicken for her evening meal.
8. As a dessert she has cake or ice-cream.

ACTIVITY 19

Now interview your partner changing the times, food and drink to explain what you usually have for your meals, when and where.

ACTIVITY 20

You are soon to visit Russia on a school exchange and your penfriend Nina has asked you to write to her with details of what you normally have for your meals and when, so that her parents can plan for your arrival. Write her a short letter giving as much information as you can.

24 октября 1991

ЗАВТРАК 2р

Колбаса П/К	90к
Чай с сахаром	20к
Кольцо Московское	80к
Хлеб	10к
	−2р

ЗАВТРАК 2р50

Помидор свежий	70к
Тефтели с греч. каш.	1р50к
Чай с сахаром	20к
Хлеб	10к
	−2р50

ОБЕД 3р90

Суп рисовый	40к
Поджарка мяс с карт. кот.	3р
Кисель п/я	40к
Хлеб	10к
	−3р90

Директор	Красинская
Главный повар	Калинина
Калькулятор	Воронина

If you were staying in Russia you should not expect a breakfast of cereal or bacon and eggs. Instead you might be offered 'kasha', a kind of porridge made from buckwheat, or a continental style breakfast consisting of boiled egg, slices of cheese or cold meats, 'tvorozhniki' which are pancakes served with sour cream or small filled pancakes known as 'blinchiki'. Tea is usually drunk at breakfast time.

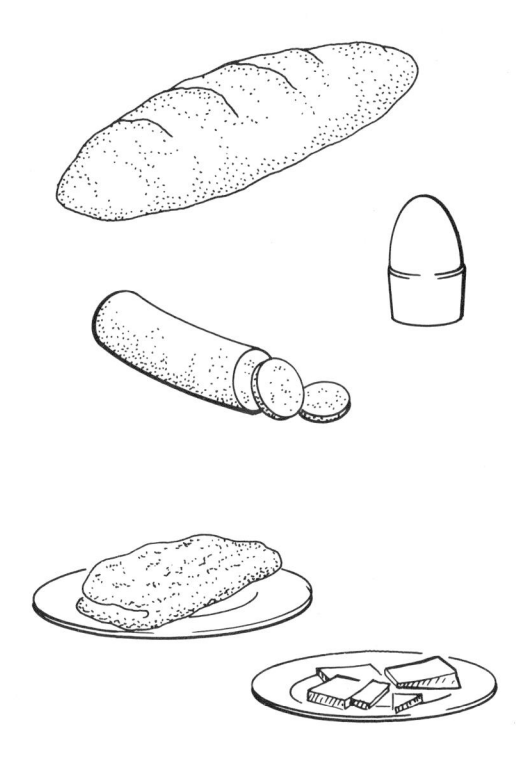

ACTIVITY 21

Here is a menu taken from the canteen of a Russian school.
Look at the details carefully in order to work out the answers to the following questions.

1. For which date was this menu set?
2. You pay 20 kopecks for a drink. What is it?
3. How much would you pay for bread?
4. During your first breakfast you decide to eat something costing 90 kopecks. What is it?
5. What is the starter offered for lunch?
6. The main meal at lunchtime has been abbreviated. What are the two main ingredients of this dish?
7. Who do you think 'KRASINSKAYA' is?

В котором часу?

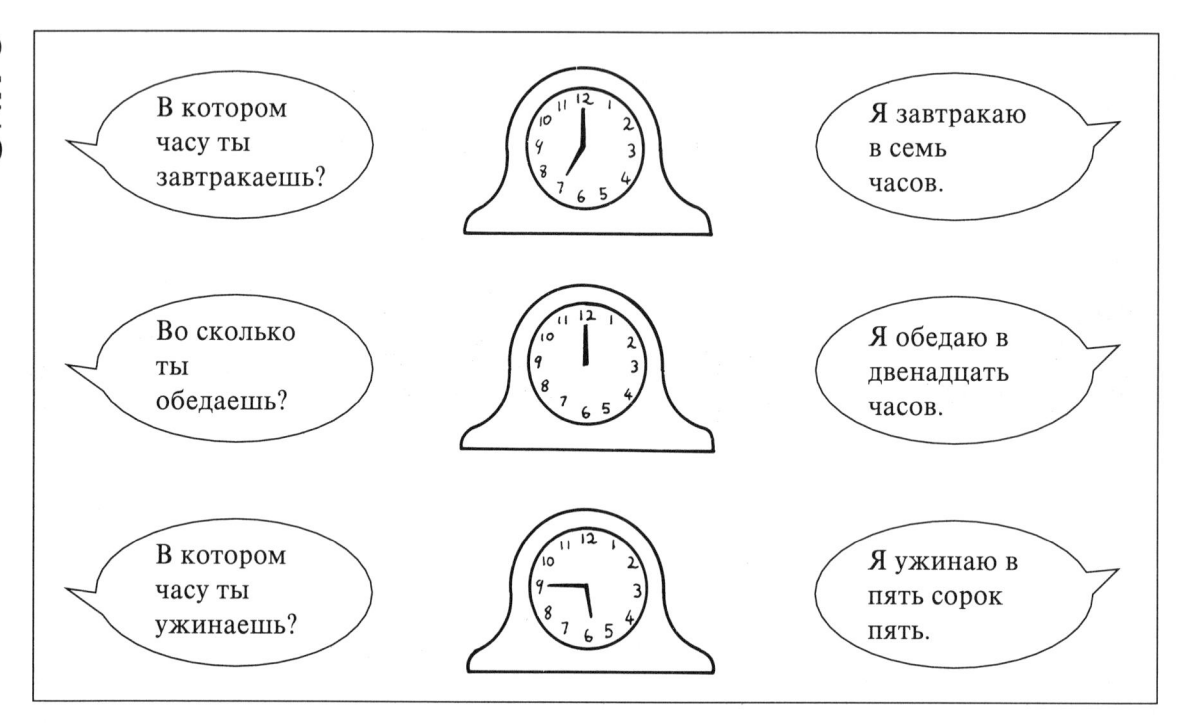

- В котором часу ты завтракаешь?
- Я завтракаю в семь часов.

- Во сколько ты обедаешь?
- Я обедаю в двенадцать часов.

- В котором часу ты ужинаешь?
- Я ужинаю в пять сорок пять.

ACTIVITY 22

Listen as 10 Russians tell you when they eat certain meals. Choose the correct time mentioned from those shown below using a letter as your answer.

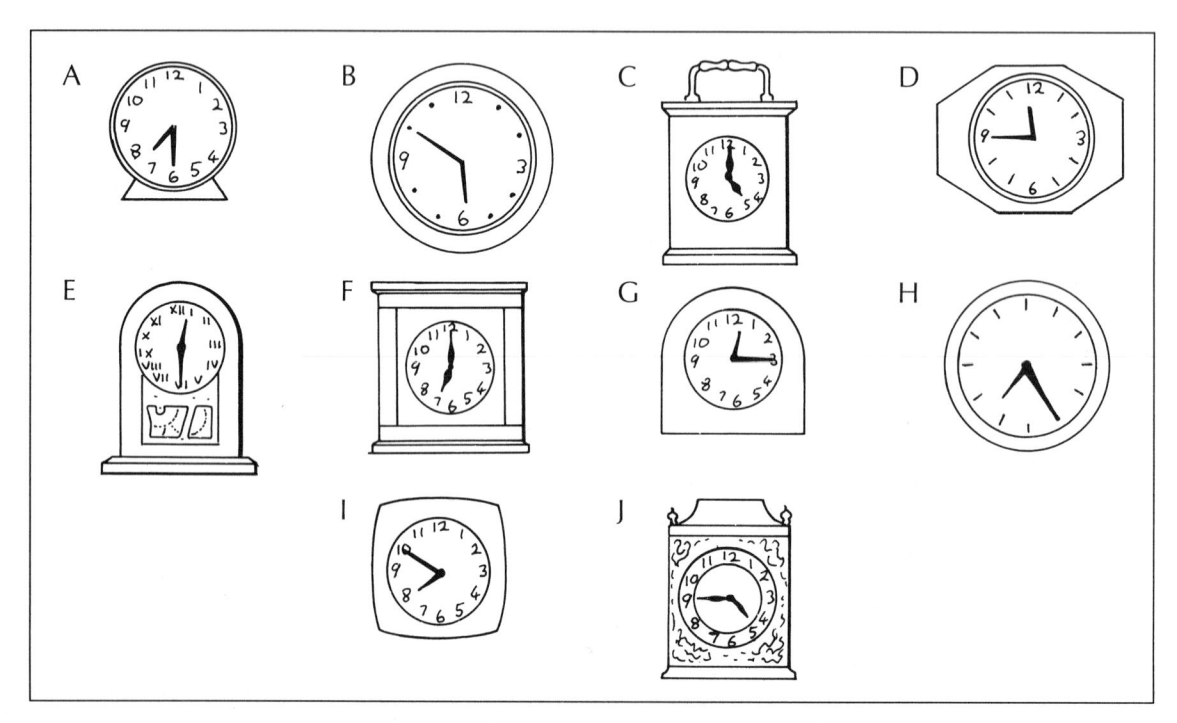

A B C D

E F G H

I J

UNIT 3

Until recently uniforms were worn by all Russian schoolchildren. The girls' uniform consisted of a dark brown dress with a black or white pinafore over it. The white pinafore was worn mainly on special occasions such as the 1st September when the new school year begins. Blue shirts and white shirts were worn by boys and girls in senior classes. Pupils aged 9 to 15 sometimes wore a red neckerchief with their uniform. This meant they were members of the Pioneer Youth Organisation. However, only young pupils in the first few years of school tend to wear a uniform nowadays. Once the novelty has worn off young Russians prefer to wear their everyday clothes to school.

ACTIVITY 23

1 tee-shirt 
2 
3 blouse 
4 jeans 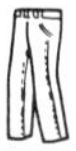
5 trousers 
6

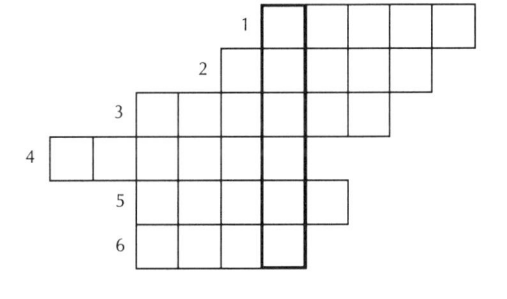

Now read downwards to find the mystery word   ___ ___ ___ ___ ___ ___

ACTIVITY 24

Use the help box to complete these sentences.

Когда я иду в школу _____

Когда я иду на дискотеку _____

Когда я дома _____

По вечерам _____

я надеваю	свитер
	галстук
	платье
	джинсы
	туфли
	брюки
	юбку
	рубашку
	форму
	майку
	блузку

43

Unit 3

Что ты делаешь … утром?

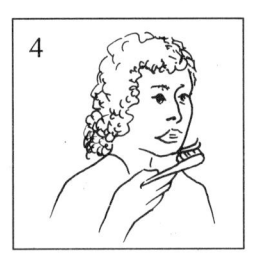

Activity 26

Two Russians describe their daily routines to you. Which of the letters represent what you hear?

A	gets up at 5
B	gets up at 6.15
C	gets up at 7.15
D	puts on jeans and jumper
E	puts on skirt and jumper
F	puts on dress
G	has breakfast in the kitchen
H	has breakfast in the lounge
I	has breakfast in the dining room
J	sets off with brother
K	sets off with wife
L	sets off with friend
M	has evening meal at 5.20
N	has evening meal at 6.15
O	has evening meal at 6.30
P	goes to bed at 9.30
Q	goes to bed at 9.50
R	goes to bed at 10.10

Activity 27

Your friend has not quite got the hang of Russian and has jumbled up his word order. Help him to rearrange the words in each sentence so that his Russian penfriend can understand him.

> Я семь встаю в пятнадцать.

> Я спальне в одеваюсь.

> Обычно надеваю я пуловер джинсы и.

> Я ванную умываюсь иду чищу где в и зубы.

> Вечером в спать я сорок ложусь десять

А вечером?

Activity 25

Write down the order in which you hear the pictures being described.

ACTIVITY 28

How would you express the following?

1. Say you have lunch at 1 o'clock in the dining room at school.
2. Explain you wake up at 6.30, get up at 6.40, then you have a wash and clean your teeth in the bathroom.
3. Explain you get dressed in the bedroom and usually put on a pair of jeans, a tee-shirt and some shoes.
4. Say you get up at 7 and go to bed at 10.30.
5. Say you have your evening meal at 6 o'clock. Give details of what you usually eat and drink.

Я	завтракаю
	ем
	пью
	обедаю
	ужинаю
	просыпаюсь
	встаю
	умываюсь
	одеваюсь
	надеваю …
	чищу зубы
	отправляюсь
	раздеваюсь
	ложусь спать

UNIT 3

ACTIVITY 29

Make 10 sentences by pairing the torn pieces of paper below.

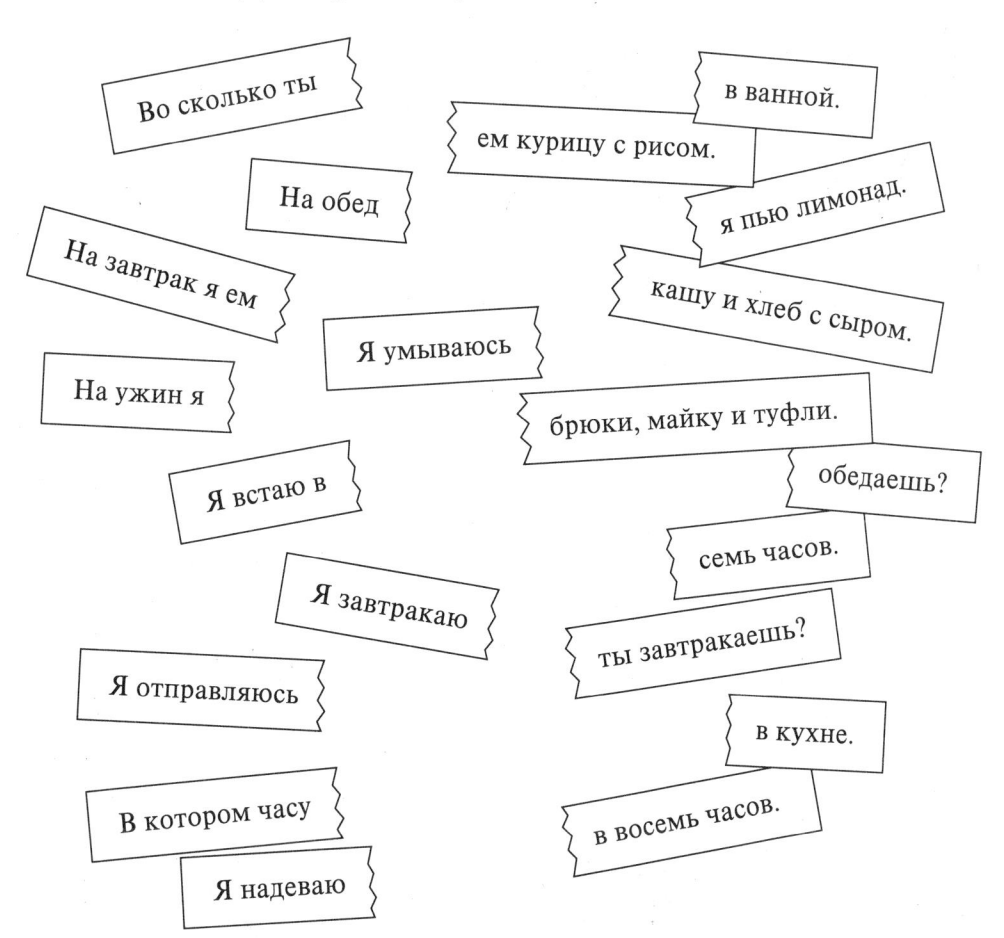

- Во сколько ты
- в ванной.
- ем курицу с рисом.
- На обед
- я пью лимонад.
- На завтрак я ем
- кашу и хлеб с сыром.
- Я умываюсь
- На ужин я
- брюки, майку и туфли.
- Я встаю в
- обедаешь?
- семь часов.
- Я завтракаю
- ты завтракаешь?
- Я отправляюсь
- в кухне.
- В котором часу
- в восемь часов.
- Я надеваю

45

ACTIVITY 30

Using **Worksheet 4** tell your partner what time you do the activities shown and he/she will do the same. Make a note of his/her answers, then work out how many minutes' difference there is between your two routines.

ACTIVITY 31

You are compiling a folder of information for your Russian link school about the life of a teenager in Britain. You have been asked to contribute a piece in Russian about your daily routine. In the form of a poster include as many details as you can, illustrating your work as you go along.

ACTIVITY 32

Practise these dialogues with a partner.

(a)	В котором часу ты обедаешь?	(i)	Say yes, very much.
(b)	Что ты ешь на обед?	(h)	Explain you put on a skirt/trousers, a shirt, tie and a jumper.
(c)	А что ты пьёшь?	(g)	Say you leave at 8.05.
(d)	Во сколько ты просыпаешься?	(f)	Say yes, you have toast with jam and coffee.
(e)	А потом что ты делаешь?	(e)	Say you get washed and dressed.
(f)	Ты завтракаешь?	(d)	Say you wake at 6.40 but you get up at 7.
(g)	В котором часу ты отправляешься в школу?	(c)	Say you drink lemonade or pepsi.
(h)	Что ты обычно надеваешь?	(b)	Say you have a cheese sandwich and an apple.
(i)	Ты любишь школу?	(a)	Say at 12.30.

WHAT HAVE YOU LEARNED?

In this unit you have learned to

1 Use the following verb forms

Я	сплю готовлю смотрю
Ты	спишь готовишь смотришь

I	sleep prepare watch
You	sleep prepare watch

2 Say where something is in your home

в	кухне* спальне туалете коридоре
	столов**ой** ванн**ой** гостин**ой**
на	балконе лестнице

in	the kitchen the bedroom the toilet the corridor
	the dining room the bathroom the sitting room
on	the balcony the staircase

* В кухне/на кухне are both used to mean 'in the kitchen'.
В кухне is used to state simply that something is in the kitchen:

e.g. холодильник в кухне.

На кухне is used to indicate that someone is doing a 'kitchen job' there – eating/cooking/washing up, e.g. мать готовит на кухне.

3 Say what you eat and drink at mealtimes

на	завтрак обед ужин	я	ем бутерброд пью чай

for	breakfast lunch dinner	I	eat a sandwich drink tea

4 Ask someone what time they have a particular meal

В котором часу Во сколько	ты	завтракаешь обедаешь ужинаешь

At what time	do you have	breakfast? lunch? dinner?

5 Explain what time you have a particular meal

| Я | завтракаю обедаю ужинаю | в … |

| I have | breakfast lunch dinner | at … |

6 Explain what you put on

| Я надеваю | свитер
галстук
платье
джинсы
туфли
брюки
юбку
рубашку
форму
майку
блузку |

| I put on | a jumper
a tie
a dress
a pair of jeans
some shoes
a pair of trousers
a skirt
a shirt
my uniform
a tee-shirt
a blouse |

7 Talk about your daily routine

| Я | просыпаюсь
встаю
умываюсь
одеваюсь
чищу зубы
отправляюсь в …
раздеваюсь
ложусь спать |

| I | wake up
get up
get washed
get dressed
brush my teeth
set off to …
get undressed
go to bed |

REMEMBER THE WORDS!

In this unit you have met the following words:

балкóн	balcony
блу́зка	blouse
большóй	big
брю́ки	trousers
буфéт	sideboard
варéнье	jam
ветчинá	ham
видеомагнитофóн	video recorder
вставáть	to get up
я встаю́	I get up
гáлстук	tie
гостúная	lounge
готóвить	to prepare

я готóвлю	I prepare
гренкú	toast
двéрь	door
дéлать	to do
джúнсы	jeans
дивáн	sofa
домáшнее задáние	homework
ду́ш	shower
éсть	to eat
я éм	I eat
зáвтрак	breakfast
зáвтракать	to have breakfast
занавéски	curtains

зе́ркало	mirror	посте́ль	bed
карти́на	picture	прои́грыватель	record player
карто́шка	potatoes	просыпа́ться	to wake up
ка́ша	porridge	раздева́ться	to get undressed
кварти́ра	flat	ри́с	rice
кни́жный шка́ф	book case	руба́шка	shirt
ковёр	carpet	самова́р	tea urn
коридо́р	corridor	сви́тер	jumper
котле́т	a chop/rissole	спа́льня	bedroom
кре́сло	armchair	спа́ть	to sleep
ку́рица	chicken	я сплю́	I sleep
ла́мпа	lamp	смотре́ть	to watch
ле́стница	stairs	стена́	wall
лимо́н	lemon	стира́льная маши́на	washing machine
ли́фт	lift	столо́вая	dining room
ложи́ться спа́ть	to go to bed	су́п	soup
я ложу́сь спа́ть	I go to bed	телеви́зор	television
ма́йка	tee-shirt	то́рт	gateau
ме́бель	furniture	туале́т	toilet
мы́ть посу́ду	to do the dishes	ту́фли	shoes
я мо́ю посу́ду	I do the dishes	у́гол	corner
му́сс	mousse	в углу́	in the corner
надева́ть	to put on	у́жин	dinner
обе́д	lunch	у́жинать	to have dinner
обе́дать	to have lunch	умыва́ться	to have a wash
обыкнове́нный	usual	фо́рма	uniform
обы́чно	usually	холоди́льник	fridge
одева́ться	to get dressed	цветы́	flowers
о́коло	near	часы́	clock/watch
отправля́ться	to set off	чи́стить зу́бы	to brush your teeth
пи́ть	to drink	я чи́щу зу́бы	I brush my teeth
я пью́	I drink	шка́ф	cupboard
пи́цца	pizza	эта́ж	floor
пла́тье	dress	ю́бка	skirt
плита́	cooker	я́блоко	apple
по́л	floor	яйцо́	egg
на полу́	on the floor		

UNIT 4   *Свободное время*   УРОК 4

Как ты проводишь свободное время?

🎧 ACTIVITY 1

Здравствуйте! Меня зовут Виктор Вондарчук. Я школьник, и я живу в Новгороде. У меня много интересов. Я спортсмен. Летом я играю в футбол, а зимой в хоккей. Я также плаваю. У нас в городе есть хороший бассейн. Там можно плавать и зимой и летом. Я также люблю гулять в парке. По субботам я хожу в магазины: там я делаю покупки. Я покупаю одежду, книги и пластинки, когда у меня есть деньги. Вечером я иногда хожу в молодёжный клуб: там я играю в бильярд и в дартинг. Я встречаюсь с друзьями и с подругами. Мы танцуем, слушаем музыку и разговариваем. Я люблю танцевать. У меня есть ещё хобби: я рисую. Я очень люблю рисовать.

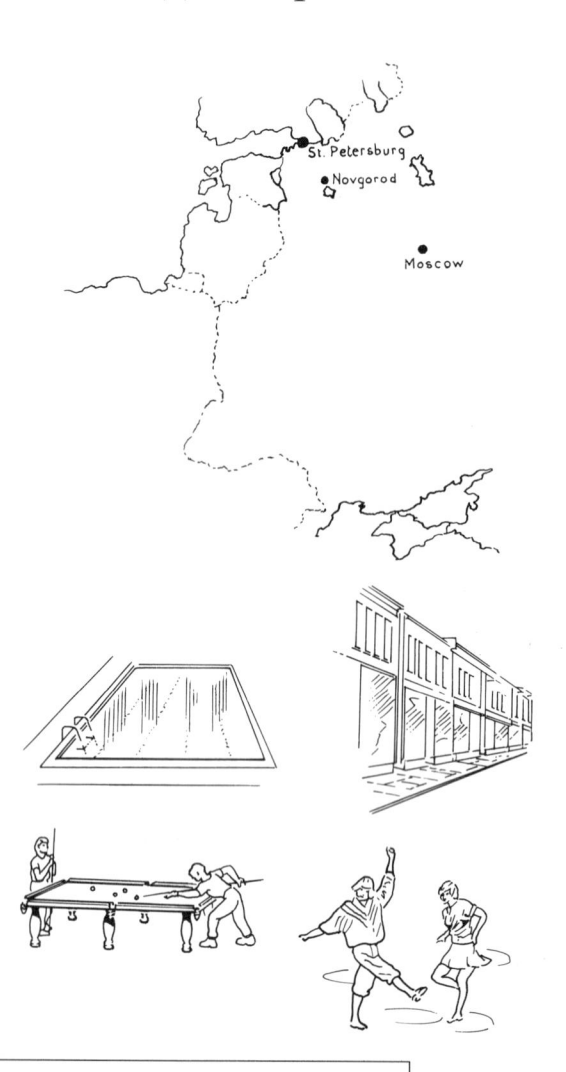

Revision of Verb Forms – ать verbs

e.g. читать

я	читаю	мы	читаем
ты	читаешь	вы	читаете
он/а	читает	они	читают

-овать verbs take a different form

e.g. рисовать

я	рисую	мы	рисуем
ты	рисуешь	вы	рисуете
он/а	рисует	они	рисуют

ACTIVITY 2
Правда или неправда?

These sentences refer to **Activity 1**. Where they are incorrect, say what the correct answer would be.

1 Виктор живёт на востоке России.
2 Он не любит спорт.
3 Летом он играет в хоккей.
4 Иногда он гуляет в парке.
5 По средам он ходит в магазины.
6 Иногда он покупает книги.
7 В клубе он не играет в бильярд.
8 Он часто танцует и рисует.

ACTIVITY 3

List all Victor's leisure activities. How many can you find?

Например: он играет в футбол
                       в хоккей
                       в ...
         он плавает
         он ...

ACTIVITY 4
А ты, что ты делаешь?

Which of the activities do you do?

Например: я рисую
          я ...

ACTIVITY 5

Look at the ticket.

1 What is the entertainment?
2 What is your seat number?
3 What time does it begin?
4 How much does your ticket cost?

ACTIVITY 6
Что вы там делаете?

1 школа   Я _____ в школе.
2 бассейн
3 парк
4 магазин
5 клуб
6 дискотека
7 Дом пионеров
8 стадион
9 сад
10 центр города

Вот как это делается.

UNIT 4

Куда ты ходишь/ездишь?

🎧 Activity 7

Here are some of the places you may go to. Point to the symbol as you hear it.

💬 Activity 8

Can you say these in the order shown in the pictures opposite?

я хожу	в	магазины
	в	кружок
	в	бассейн
	в	кино
	в	молодёжный клуб

я езжу	в	театр
	во	Дворец пионеров
	на	дискотеку
	на	футбол
	на	вечер
	на	каток

💬 Activity 9

Can you say which places you walk to or travel to?

Куда ты ходишь?
Куда ты ездишь?

✏️ Activity 10

Write sentences to say who goes where and how.

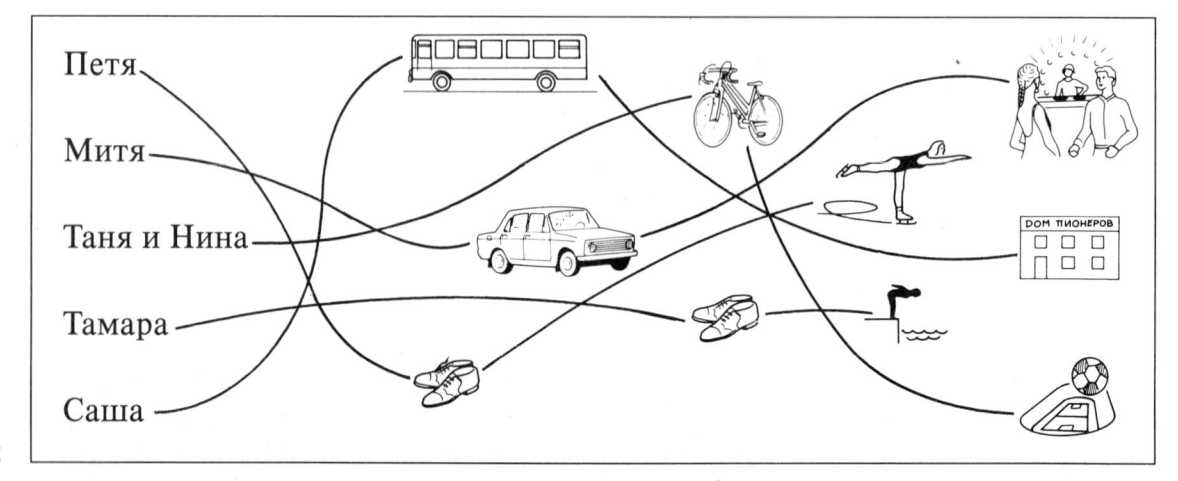

Петя
Митя
Таня и Нина
Тамара
Саша

Что они смотрят?

ACTIVITY 11

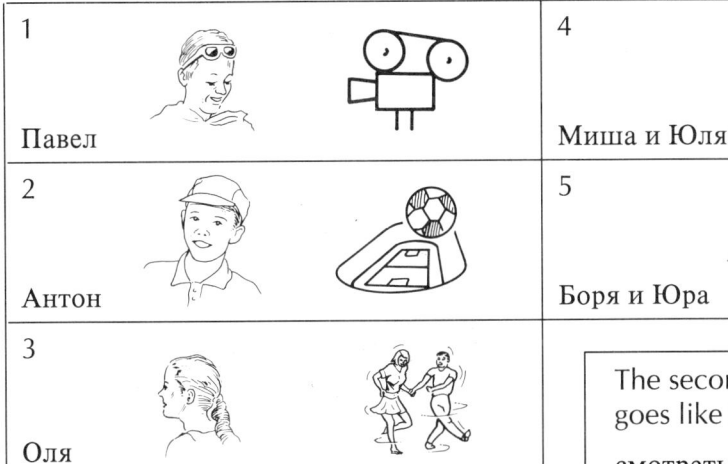

1 Павел	4 Миша и Юля
2 Антон	5 Боря и Юра
3 Оля	

А ты, что ты смотришь?

Я смотрю спектакль сегодня.
Я люблю рассматривать в витрины.

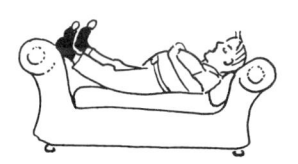

> The second type of regular verb goes like this:
>
> смотреть – я   смотрю
> ты смотришь
> он/а смотрит
> мы смотрим
> вы смотрите
> они смотрят
>
> Note that verbs ending in -ить, -еть, and -ать can end like this. The я form needs attention. With ходить and ездить you get я хожу and я езжу.
>
> Likewise note these я forms:
>
> сидеть – я сижу дома/с друзьями
> готовить – я готовлю обед
> любить – я люблю

ACTIVITY 12

Transform the list opposite so that you say what you do and where. The places you need are all to be found in **Activity 8**.

например: делать покупки
магазины: там я делаю покупки.

1 разговаривать с друзьями
2 смотреть матч
3 кататься на коньках
4 танцевать
5 смотреть спектакль
6 плавать
7 слушать музыку
8 смотреть фильм

Activity 13

Правда или неправда?

1. Я хожу в магазины и там танцую.
2. Я смотрю спектакль в бассейне.
3. Я слушаю музыку на вечере.
4. Мама готовит обед на кухне.
5. Ребята плавают на катке.
6. Мы смотрим фильм в кинотеатре.
7. Анна ездит в школу и делает покупки.
8. Дети сидят в саду и разговаривают.
9. Петя рисует в кружке.
10. Я играю в бадминтон в спальне.

Activity 14

Кто говорит?

Work out the order in which they speak.

(a) Виктор рисует.
(b) Володя и Боря ловят рыбу.
(c) Саша смотрит мультфильмы.
(d) Юлия плавает.
(e) Таня и Вера ходят во Дворец пионеров.
(f) Анна готовит.
(g) Галя и Катя катаются на коньках.
(h) Петя играет в шахматы.

Activity 15

Listen to the sounds on tape. Work out which of the following is going on.

1. Они танцуют.
2. Они играют в дартинг.
3. Они гуляют в парке.
4. Они готовят обед.
5. Они смотрят мультфильмы.
6. Они говорят по-французски.
7. Они плавают.
8. Они играют в баскетбол.

Activity 16

Как они проводят свободное время?

Replace the symbols by words:

1. Нина
2. Михаил
3. Света и Вера
4. Степан и Пётр
5. Мы
6. Я
7. Ты

Activity 17

Что вы делаете/хотите делать?

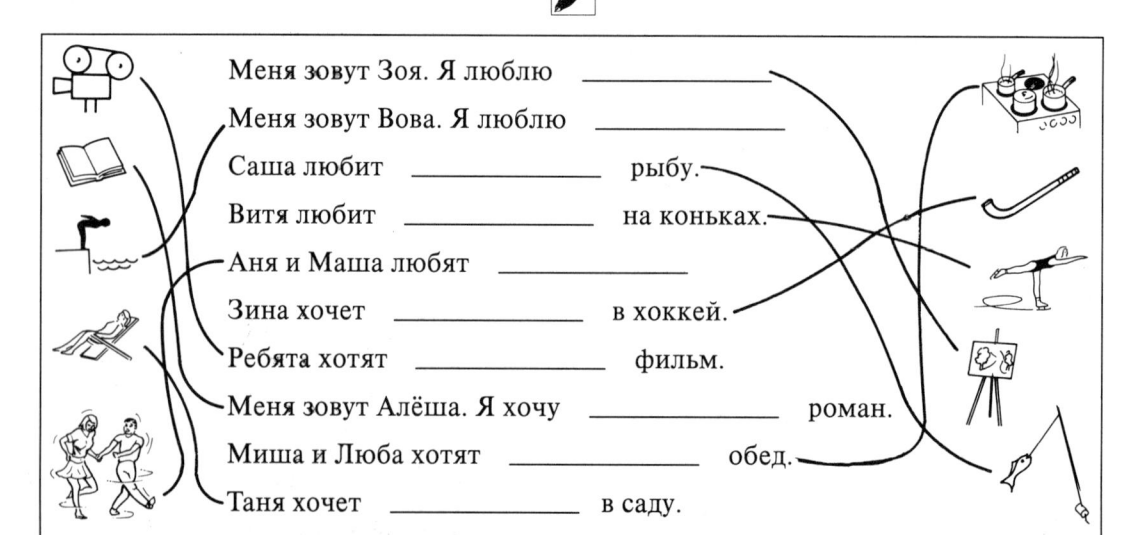

Меня зовут Зоя. Я люблю _____
Меня зовут Вова. Я люблю _____
Саша любит _____ рыбу.
Витя любит _____ на коньках.
Аня и Маша любят _____
Зина хочет _____ в хоккей.
Ребята хотят _____ фильм.
Меня зовут Алёша. Я хочу _____ роман.
Миша и Люба хотят _____ обед.
Таня хочет _____ в саду.

> The verb хотеть (to want) goes like this:
>
> | | |
> |---|---|
> | я хочу | мы хотим |
> | ты хочешь | вы хотите |
> | он/а хочет | они хотят |

UNIT 4

❝ ACTIVITY 18

Your exchange partner is coming to stay. You have noted down some suggestions for activities.

Work out the questions you would ask, based on your list.

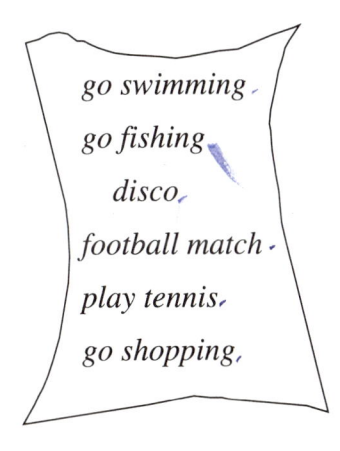

- go swimming
- go fishing
- disco
- football match
- play tennis
- go shopping

Например: Ты хочешь ловить рыбу?

🎧 ACTIVITY 19

Listen to the answers he gives. Which things would you cross off your list, and which ones would you need to add?

❝ ACTIVITY 20

Look at the symbols. Can you say which activities you like and which you don't?

Например: Я люблю рисовать.
Я не люблю танцевать.

1	6	11
2	7	12
3	8	13
4	9	14
5	10	15

Now ask your partner: Ты любишь…?

Write your answers.

55

Activity 21

Preferences: likes and dislikes

Match the symbols to the sentences.

Меня зовут Саша.

1. Я люблю спорт.
2. Я люблю теннис.
3. Я больше люблю бадминтон.
4. А больше всего я люблю футбол.
5. Я ненавижу крикет.

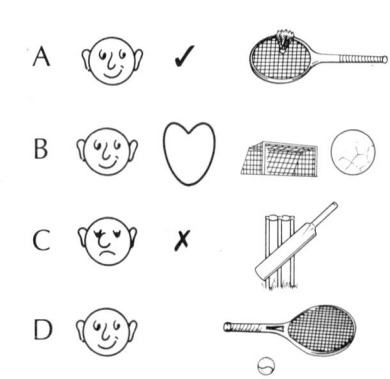

Меня зовут Маша.

1. Я тоже люблю спорт.
2. Я люблю баскетбол.
3. Я больше люблю лёгкую атлетику.
4. А больше всего я люблю гимнастику.
5. Я ненавижу регби.

Activity 21A

Now you give four different sports and rank them in order of preference as in the written examples above.

To say you prefer something, you can either say я больше люблю … or я предпочитаю … If you like something most of all, you say я люблю больше всего …

Activity 22

Что тебе нравится?

Practise asking and answering questions based on the information below.

Тебе нравится балет?
Тебе нравится телевидение?
Мне очень нравится спорт.
Но мне совсем не нравится кино.
Вот Серёжа. Ему не нравится школа.
Вот Наташа. Ей не нравится музыка.
Вот папа. Ему очень нравится вино!
Вот мама. Ей нравится сок.
Вот бабушка. Ей нравится готовить.
Вот дедушка. Ему нравится гулять.

ACTIVITY 23

Что им нравится/не нравится?

Например:

Вот брат.

Ему нравится мороженое.

1 Вот Алёша.
2 Вот Таня.
3 Вот Иван.
4 Вот мама.
5 Вот Света.
6 Вот Антон.
7 Вот Петя.

ACTIVITY 24

Какие передачи тебе нравятся?

Note these examples:

Мне нравится шоколад.
Мне нравятся шоколад и конфеты.

When there are two or more items the verb is plural.
Apply this rule with this exercise.

	Ты	Партнёр
Новости		
Мультфильмы		
Комедии		
Детективы		
Музыкальные передачи		
Спортивные передачи		
Фильмы		
Спектакли		

ACTIVITY 25

Listen to six Russian teenagers. Who would you match them with?

Name: Katy Green
Age: 15
Town: Manchester
Hobbies: listening to music, playing guitar

Name: Tom Brown
Age: 12
Town: Birmingham
Hobbies: football, swimming, walking dog

Name: Leanne Hawkins
Age: 17
Town: London
Hobbies: drawing, chess, cooking

Name: Paul Smith
Age: 15
Town: Birmingham
Hobbies: rugby, discos, badminton, loud music

Name: Lisa Shaw
Age: 12
Town: London
Hobbies: all sports particularly hockey and also cinema

Name: Adam Cooper
Age: 16
Town: Leicester
Hobbies: watching cartoons, reading, computers, NOT sport

ACTIVITY 26

From the jumbled words below make up as many Russian sentences as you can.

кино
куда
завтрак
любит
смотришь
я
театр
Таня
ходишь
что
рыбу
ты
смотрит
ловишь
готовит
кухне
ресторан
смотрю
рыбу
футбол
люблю
фильмы
?
ловлю
ловит
пьесу
любишь
он
в
бассейн
обед
ездишь
хожу

ACTIVITY 27

Когда?

Вот как Саша проводит время.

По понедельникам я хожу в клуб.
По вторникам я плаваю в бассейне.
По средам я хожу во Дворец пионеров.
По четвергам я сижу дома.
По пятницам я езжу в центр города.
По субботам я танцую в дискотеке.
По воскресеньям я играю в футбол.

ACTIVITY 28

Read Sasha's diary and say which entries do not match up with **Activity 27** above.

Mondays:	*Club*
Tuesdays:	*Fishing*
Wednesdays:	*Pioneer Palace*
Thursdays:	*Stay at home*
Fridays:	*Go to watch football*
Saturdays:	*Disco*
Sundays:	*Stay at home*

ACTIVITY 29

Now you! Write a list in Russian in which you give an activity you regularly do. Give seven different examples, one per day.

ТЕЛЕЗРИТЕЛЯМ

СЕГОДНЯ
ПЕРВАЯ ПРОГРАММА

18.30 – Редакция международной жизни представляет: «Сражение на Иордане». (Телевидение ВНР). «Наркомании – нет» (фильм ООН).
19.30 – Мультфильм.
19.40 – Художественный фильм «Поезд вне расписания».
21.00 – Время.
21.40 – Прожектор перестройки.
21.50 – Международная товарищеская встреча по футболу. Сборная Италии – сборная СССР.
22.35 – XV зимние Олимпийские игры. Биатлон. 20 км. Бобслей. Двойки. Горнолыжное двоеборье. Слалом. Женщины. В перерыве (23.20) – Новости.

МОСКОВСКАЯ ПРОГРАММА

18.30 – Ритмическая гимнастика.
19.00 – Московская суббота. «Диалог».
20.45 – «Спокойной ночи, малыши!»
21.00 – Время.
21.40 – Программа короткометражных художественных телефильмов.
22.40 – Московские новости.

ОБРАЗОВАТЕЛЬНАЯ ПРОГРАММА

20.00 – «Времена года».
21.00 – Время.
21.40 – «Клуб путешественников».
22.40 – «Мольберт» Художественный фильм на французском языке (Франция). 6-я серия.

ACTIVITY 30

Answer the questions relating to the TV programmes above.

1. What kind of film is on at 19.30?
2. What kind of sport is on at 21.50?
3. Which countries are involved?
4. What is being shown at 22.35?
5. Name two of the activities.
6. What is on at 23.20?
7. What is on at 18.30 on Moscow TV?
8. What day is mentioned at 19.00?
9. What is the title of the film at 22.40?
10. What language was it filmed in?

ACTIVITY 31

Read this dialogue with a partner.

– Здравствуй! Меня зовут Света. А тебя?
– Андрей.
– Где ты живёшь, Андрей?
– Я живу в Москве. А ты?
– Я живу в Петербурге.
– У тебя есть брат или сестра?
– У меня есть брат. А у тебя?
– У меня есть сестра.
– Что ты делаешь в свободное время?
– Я ловлю рыбу и играю в шахматы. А ты?
– Я люблю танцевать и ходить в кино. Когда у меня есть деньги и время, я хожу в город и делаю покупки.
– Я тоже люблю делать покупки.
– У тебя есть животные?
– Да, собака и две кошки. А у тебя?
– Две собаки и хомяк.

ACTIVITY 32

Then, working in pairs, use the information given below to make up dialogues, pretending you are one of the people.

Имя	Возраст	Живёт в …	Семья	Хобби	Животные
John	12	London			
Laura	15	Birmingham			✗
Peter	17	Leeds			
Tanya	16	Omsk			
Vera	14	Kursk	✗		
Boris	18	Moscow			

ACTIVITY 33

Can you make up a dialogue like the one above?

ACTIVITY 34
Типичный день

Утром Ваня смотрит телевизор.
Днём он делает покупки.
Вечером он ходит на дискотеку.
Он редко ходит в кино.
Он никогда не готовит обед.
Он часто слушает музыку.
А вы?
Что вы делаете утром, днём и вечером?
Что вы хотите делать сегодня вечером?
Вы обычно слушаете музыку?
Вы ходите иногда в клуб?

Summary of useful time expressions

редко = rarely
часто = often
никогда не = never
иногда = sometimes
обычно = usually

ACTIVITY 35

Study the extract and answer the questions.

Двенадцатый официальный матч сборных команд СССР и США по боксу, состоявшийся в Москве во Дворце спорта Центрального стадиона имени В.И. Ленина в Лужниках, принёс победу советским боксёрам со счётом 8:3.

1 Which two countries were competing?
2 Which match is this in the series?
3 Where was it held?
4 What was the result?

ACTIVITY 36

Read the letter below which you have received from your Russian penfriend, and write a reply of your own, trying to answer most of the questions asked.

Тверь
25ое августа

Дорогой друг!

Наша учительница английского языка дала мне твой адрес. Давай познакомимся! Меня зовут Саша, и я живу в центре нашего города. Я ученик средней школы №40, и у меня много хобби. Я люблю спорт и музыку — я играю в школьной команде в хоккей. По вторникам я занимаюсь атлетикой в спортзале. Я играю на скрипке в школьном оркестре.

А ты — какие у тебя хобби? Тебе нравится хоккей? Ты любишь классическую или поп-музыку? Мне будет очень интересно знать, как живут английские школьники и школьницы.

Пиши, пожалуйста,

Саша.

WHAT HAVE YOU LEARNED?

In this unit you have learnt or revised how to say the following:

1 How you spend your spare time: sports and music, social activity.
Я играю в + sport
Я играю на + musical instrument
Я слушаю (музыку/пластинки)

2 Where you go to take part in these activities.
Я хожу/езжу в or на

3 What kind of programme or film you watch.
Я смотрю фильм/пьесу/комедии/ мультфильмы …

4 What you want to do/like doing.
Я хочу/люблю (смотреть …, слушать … etc.)
Мне нравится/нравятся …

5 What you prefer/like most of all.
Я больше люблю/предпочитаю/ люблю больше всего …

6 What you dislike/hate.
Я совсем не люблю/ненавижу …

7 When you do things on a regular basis.
По средам/четвергам etc.
редко/часто etc.
утром/вечером etc.

REMEMBER THE WORDS!

свобо́дное вре́мя	spare time	занима́ться спо́ртом	to take part in sport
проводи́ть вре́мя	to spend time	мно́го	many
ле́том	in summer	пла́вать	to swim
гуля́ть	to walk, stroll	зимо́й	in winter
де́лать поку́пки	to do shopping	оде́жда	clothing
молодёжный клуб	youth club	де́ньги	money
танцева́ть	to dance	встреча́ться	to meet
разгова́ривать	to chat	рисова́ть	to draw
игра́ть в да́ртинг	to play darts	се́вер	north
Дом/Дворе́ц пионе́ров	Pioneer Palace	юг	south
		восто́к	east
ве́чер	evening, party	за́пад	west
като́к	skating rink	смотре́ть	to watch
гото́вить	to prepare, cook	сиде́ть	to sit
кружо́к	club, society	мультфи́льм	cartoon
по-францу́зски	in French	собира́ть	to collect
ката́ться на конька́х	to skate	лови́ть ры́бу	to fish
рома́н	novel	но́вости	the news
пье́са	a play	сок	juice
спекта́кль	a show	во́зраст	age
переда́ча	broadcast	стихи́	poetry, poem
сре́дняя шко́ла	secondary school	кома́нда	team

UNIT 5 — *Повторите, пожалуйста* — УРОК 5

Finding One's Way Around the City

At the railway station
　At the booking office
　　At the (bus)-stop

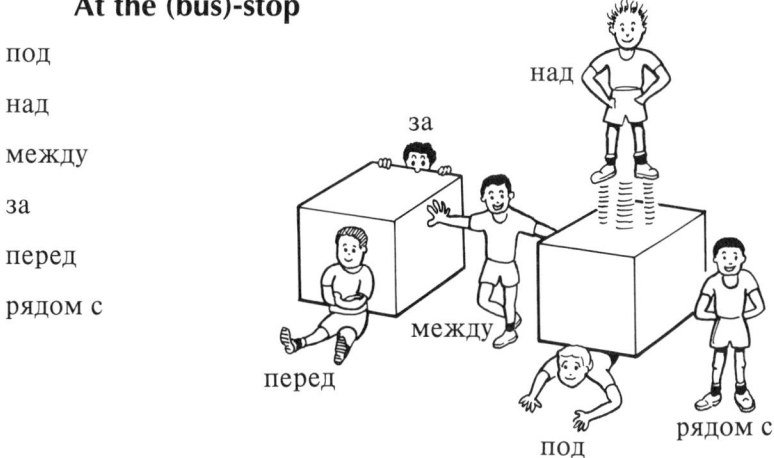

под
над
между
за
перед
рядом с

Look at the picture above. Consider the meaning of the words in Russian. They tell you where the boy is in relation to the box. You will need to learn them in order to talk about where various places and buildings are situated.

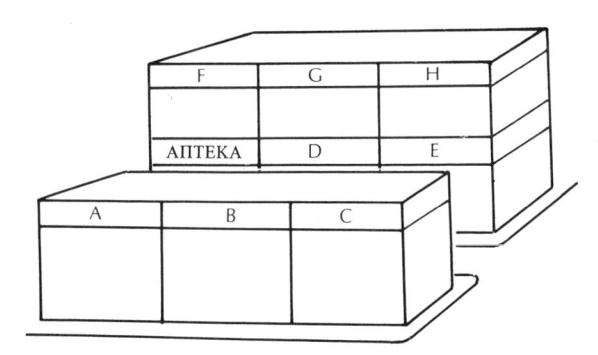

Activity 1

Here is a block of shops. Listen to the tape and see if you can work out the missing names (A–H). One shop is already shown.

Activity 2

Here is another block of shops. Working with a partner ask about the location of the places shown in the picture. In your answer use the following:

под, над, между, за, перед, рядом с

На вокзале

Киоск	Справочное бюро	Билетная касса	Ресторан	Буфет
Бар				Телеграф
Телефон				Бюро-находок
Туалет		YOU ARE HERE ※		Аптека

ACTIVITY 3

The above plan represents the entrance hall of a station. Take turns with your partner to ask for /give details on where the various places are.
Besides: направо – налево – рядом use: перед – за – между – рядом с
e.g. A – Извинните, пожалуйста, где буфет?
    Б – Вот направо, между рестораном и телеграфом

ACTIVITY 4

Look at the symbols below. Working with a partner, ask for and give details on how to get to the various places:
use: вот/здесь/рядом/совсем рядом and направо/налево/прямо

here	→	over there	↑
there	←	here	←
nearby	→	nearby	→ ←

Who's Who in the Queue?

ACTIVITY 5

Ask/say where these people are standing in relation to each other.
e.g. где стоит клоун? or кто стоит перед … и за …?

Экскурсия в город

ACTIVITY 6

Look at the town plan above and listen to the tape. Decide at which location the activity mentioned takes place. Write down your answer.

ACTIVITY 7

You have arrived by train at the above town, and are going round the various buildings. Throw a dice to see how far you move. Wherever you land you must say where you are – 'near', 'in front of', 'in'. If you land on a star you have to use 'между'. If you land on a symbol you also have to say what you are doing at a particular place.

ACTIVITY 8

Write a diary account of your imaginary outing to the town above. Say what you are doing at various times during the day and include descriptions of the places visited and the town generally.

Example:

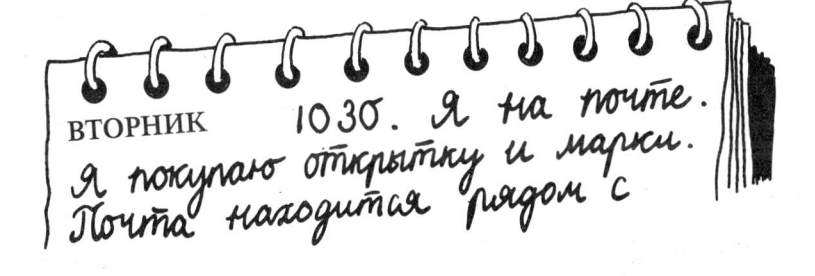

ВТОРНИК   10:30. Я на почте. Я покупаю открытку и марки. Почта находится рядом с

Finding Transport

UNIT 5

If you want to travel anywhere you first have to find the transport.
Russians say:

Где находится ближайший вокзал?

Где находится ближайшая станция метро?

Где находится ближайшее справочное бюро?

💬 ACTIVITY 9

Ask for the following:

bus stop,

metro station   (МЕТРО),

taxi rank,

tram stop,

information office (СПРАВОЧНОЕ БЮРО).

At the information office you can:

спрашивать дорогу в больницу

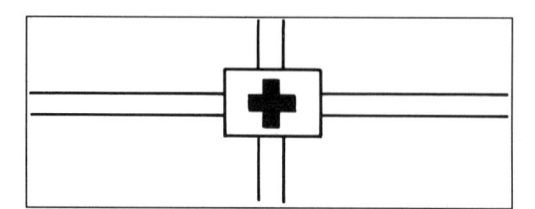

✏ ACTIVITY 10

Answers to your question might be:

за углом, недалеко отсюда, за парком, перед почтой, перед музеем.

Draw pictures to illustrate these answers.

спрашивать дорогу на вокзал

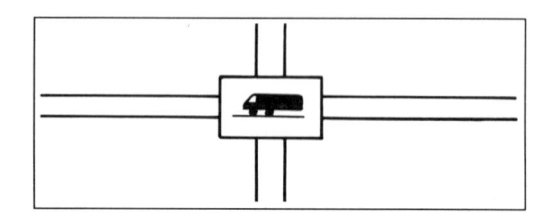

🎧 ACTIVITY 11

Listen to the tape and say where each person wants to go:

If you do not understand first time where they wanted to go, why not ask for a repeat! Simply say:

Извините, но я не понимаю, повторите, пожалуйста!

Try it out on your teacher – he or she will play the tape over and over again for you!

ACTIVITY 12

It's a windy day – some of the words have been blown away! Ask for a repeat to fill in the gaps.

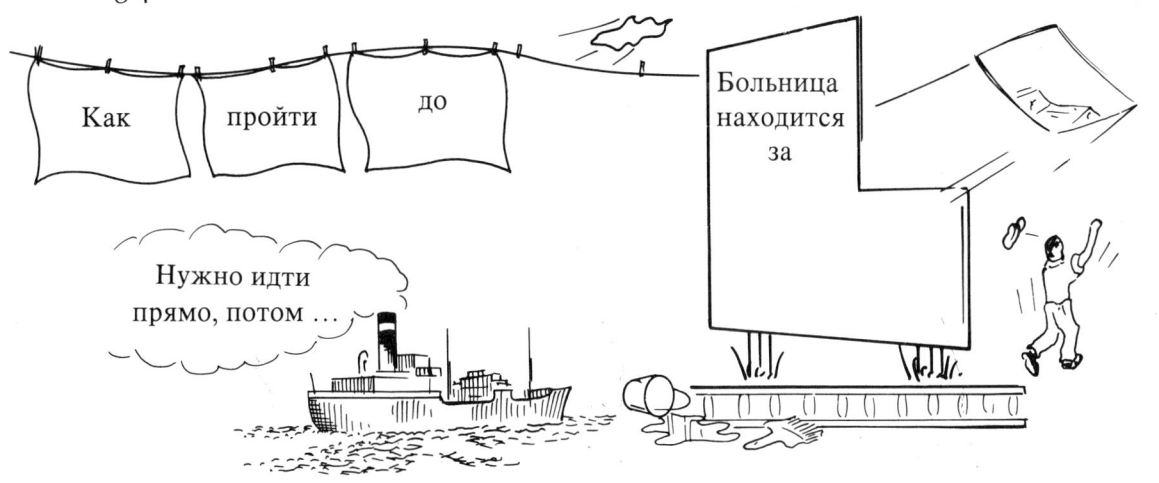

Как   пройти   до

Больница находится за

Нужно идти прямо, потом …

If you want to know which bus, tram or trolleybus to catch, ask:

Какой автобус идёт до парка?
Какой автобус идёт до библиотеки?
Какой автобус идёт до кинотеатра?
Какой троллейбус идёт до вокзала?
Какой трамвай идёт до станции?

ACTIVITY 13

Using the picture ask which bus, trolleybus or tram to catch.

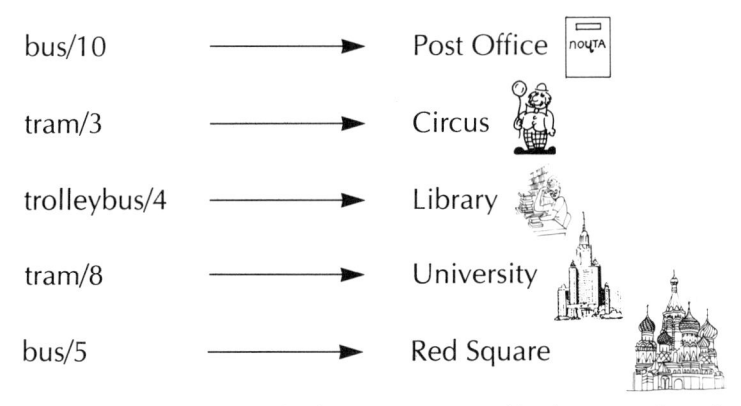

bus/10 → Post Office

tram/3 → Circus

trolleybus/4 → Library

tram/8 → University

bus/5 → Red Square

In your answers use the bus, tram or trolleybus number that is indicated. For example

Десятый автобус идёт до почты
Третий трамвай идёт до цирка

ACTIVITY 14

Using the transport map on **Worksheet 3** answer the following questions:

Какой троллейбус идёт до бассейна?
Какой автобус идёт до ресторана?
Какой трамвай идёт до зоопарка?

Какой автобус идёт до кинотеатра?
Какой трамвай идёт до парка культуры и отдыха?

Having decided which bus to catch you need to know when it departs and arrives.

Russians ask:

Когда отправляется автобус?
Когда отправляется первый автобус?
Когда отправляется следующий автобус?
Когда отправляется последний автобус?
Когда прибывает автобус?

Answers are given using a 24 hr. clock:

Следующий автобус отправляется в 15.00.

ACTIVITY 15

Ask a partner the following questions, which he or she will answer using the bus timetable – the time is now 12.15. All buses arrive *30 minutes after departure.*

Расписание						
Автобусы	№ 5	№ 7	№ 10	№ 13	№ 18	№ 25
	0600	0515	0530	0700	0635	0645
	0700	0615	0630	0800	0735	0745
	0900	0815	0830	0900	0915	0925
	1115	1045	1015	1100	1055	1105
	1230	1300	1245	1315	1145	1210
	1400	1450	1330	1415	1240	1305
	1600	1705	1450	1515	1410	1500
	1800	1905	1740	1805	1700	1715
	2105	2210	1945	2130	2000	1950
	2300	2315	2310	2330	2245	2300
	клуб	школа	фабрика	улица Ленина	площадь Революции	аптека

1 Какой автобус идёт до клуба и когда отправляется следующий?
2 Какой автобус идёт до аптеки и когда отправляется последний?
3 Какой автобус идёт до фабрики и когда прибывает следующий?
4 Какой автобус идёт до школы и когда отправляется первый?

1 Какой автобус идёт до улицы Ленина и когда отправляется следующий?
2 Какой автобус идёт до школы и когда прибывает последний?
3 Какой автобус идёт до площади Революции и когда отправляется первый?
4 Какой автобус идёт до фабрики и когда прибывает первый автобус?

Нужно сделать пересадку?

Whilst travelling to your destination you may have to change transport. Russians ask:

Нужно сделать пересадку?

The answer will be:

Да, нужно сделать пересадку.
Нет, не нужно сделать пересадку.

If you have an appointment to keep, travelling times can be important. Russians look at their timetables and ask themselves the following questions:

Сколько времени идёт автобус от парка до больницы?
Сколько времени идёт автобус от кафе до аэродрома?
Сколько времени идёт автобус от рынка до галереи?
Сколько времени идёт автобус от станции до Красной площади?

ACTIVITY 16

(a) Look at the transport map on **Worksheet 4** – do the travellers given below have to change transport?

Школьник едет из музея в школу.
Футболист едет со стадиона в аэропорт.
Библиотекарь едет из квартиры друга на работу.
Домохозяйка едет из магазина в банк.
Милиционер едет из бассейна на рынок.

(b) Say whether they have to make a change of transport or not:

Ему нужно сделать пересадку.

or

Ему не нужно сделать пересадку.

ACTIVITY 17

(a) Imagine you are at a bus terminal. Listen to the following bus departure and arrival times and note them down on **Worksheet 5**.

(b) Work out how long it takes to reach each location.

Сколько билетов?

At the booking office you will need to get tickets for all those travelling:

один	билет
два три четыре	билета
пять шесть семь	билетов

ACTIVITY 18

Listen to the tape and find out how many tickets are being ordered.

В ОДИН КОНЕЦ → **ТУДА И ОБРАТНО** ⟵

If you are travelling by train and only want a SINGLE you will say:

в один конец →

However if you want a RETURN you will say:

туда и обратно (there and back) ⟵

ACTIVITY 19

Listen to the tape and find out whether a single or a return is being requested (1–5).

ACTIVITY 20

Listen to the tape and fill in the details on the form given on **Worksheet 5**.

At the Booking Office

ACTIVITY 21

Practise this dialogue with your partner, alternating roles:

(a) Ask how many tickets are wanted.
(b) One ticket/four tickets/two tickets/three tickets

(a) Ask whether a single or return is wanted.
(b) single/return/single/return

С какой платформы отходит поезд на …?

1 с первой

2 со второй

3 с третьей

4 с четвёртой

UNIT 5

ACTIVITY 22

Listen to the tape and find out from which platforms the trains mentioned leave:

Какой поезд?

скорый поезд/экспресс   пассажирский поезд

ACTIVITY 23

Listen to the tape and fill in the information on the form given on **Worksheet 5**.

ACTIVITY 24

Below is an extract from a St Petersburg timetable. Working with your partner ask questions and give answers about train departure times, destinations, platform number and type of train.

For example: В котором часу отправляется поезд на …?
С какой платформы отправляется поезд на …?
Куда идёт поезд номер …?
Какой поезд отправляется в … часов … минут?

| ПЕТЕРБУРГ – ОТПРАВЛЕНИЕ ПОЕЗДОВ |||||
номер	поезд	пункт назначения	время отправления	с платформы
7	скорый	Москва	0920	2
12	скорый	Москва	1030	1
6	пассажирский	Новгород	1100	3
15	скорый	Рига	1430	4
9	пассажирский	Выборг	1600	5

Unit 5

МОСКВА – Брест

«Восток – Запад – Экспресс»

№ поезда	Прибы-тие	Отправ-ление	Маршрут следования	Км
15	– 1.22 5.12 8.45	20.17 1.26 5.22 10.55	Москва Белор. вок ..... Смоленск .... Минск .... Брест	0 419 750 1100

ACTIVITY 25

Look at the extract from a railway timetable above and answer the following questions:

1. В котором часу прибывает поезд из Москвы в Минск?
2. Как долго идёт поезд от Москвы до Бреста?
3. Сколько километров между Москвой и Брестом?
4. В котором часу отправляется поезд из Смоленска?
5. Как долго стоит поезд в Минске?

Как долго идёт поезд?

ACTIVITY 26

This chart gives the travelling time by rail from Moscow. Use the chart to ask for and give travel information.

For example:

Как долго идёт поезд 'Москва – Алма-Ата'?
Какой поезд идёт семь часов?
Куда и как долго идёт поезд номер 8?

От	Москвы	ч/мин
1	Алма-Ата	67.30
2	Баку	42.00
3	Волгоград	18.15
4	Нижний Новгород	7.00
5	Донецк	16.45
7	Киев	14.45
8	Краснодар	26.00
9	Петербург	6.00
10	Львов	21.00

Wordsearch

ACTIVITY 27

The wordsearch on **Worksheet 5** contains 14 different means of transport – concealed … horizontally, vertically, forwards and backwards.

С пересадкой или без пересадки

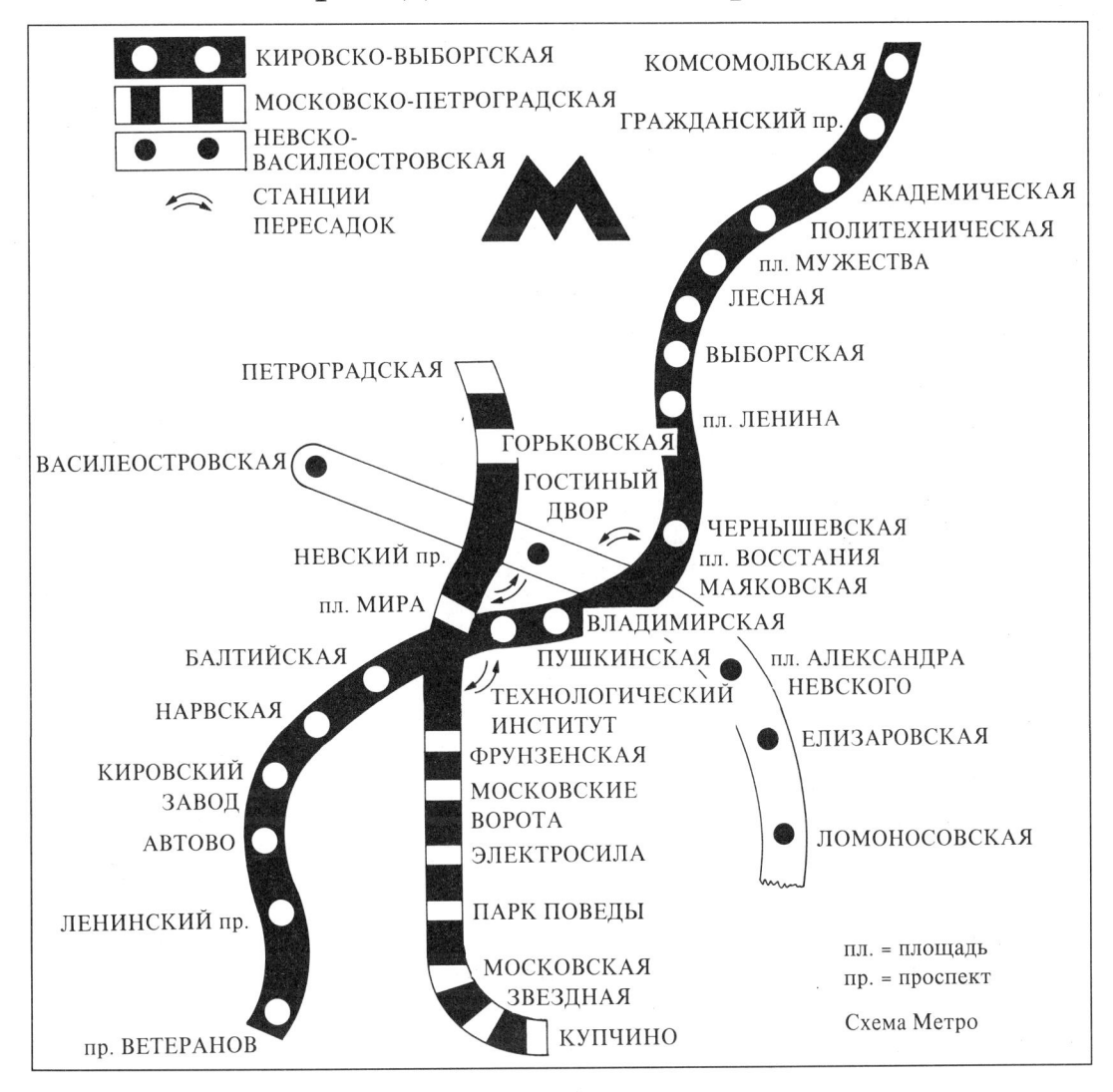

UNIT 5

КИРОВСКО-ВЫБОРГСКАЯ
МОСКОВСКО-ПЕТРОГРАДСКАЯ
НЕВСКО-ВАСИЛЕОСТРОВСКАЯ
СТАНЦИИ ПЕРЕСАДОК

КОМСОМОЛЬСКАЯ
ГРАЖДАНСКИЙ пр.
АКАДЕМИЧЕСКАЯ
ПОЛИТЕХНИЧЕСКАЯ
пл. МУЖЕСТВА
ЛЕСНАЯ
ВЫБОРГСКАЯ
пл. ЛЕНИНА
ПЕТРОГРАДСКАЯ
ГОРЬКОВСКАЯ
ВАСИЛЕОСТРОВСКАЯ
ГОСТИНЫЙ ДВОР
ЧЕРНЫШЕВСКАЯ
НЕВСКИЙ пр.
пл. ВОССТАНИЯ
пл. МИРА
МАЯКОВСКАЯ
ВЛАДИМИРСКАЯ
БАЛТИЙСКАЯ
ПУШКИНСКАЯ
пл. АЛЕКСАНДРА НЕВСКОГО
НАРВСКАЯ
ТЕХНОЛОГИЧЕСКИЙ ИНСТИТУТ
ЕЛИЗАРОВСКАЯ
КИРОВСКИЙ ЗАВОД
ФРУНЗЕНСКАЯ
МОСКОВСКИЕ ВОРОТА
АВТОВО
ЭЛЕКТРОСИЛА
ЛОМОНОСОВСКАЯ
ЛЕНИНСКИЙ пр.
ПАРК ПОБЕДЫ
МОСКОВСКАЯ
ЗВЁЗДНАЯ
пр. ВЕТЕРАНОВ
КУПЧИНО

пл. = площадь
пр. = проспект

Схема Метро

✎ ACTIVITY 28

Look at this plan of the St Petersburg underground and see if these journeys involve a change (с пересадкой) indicated by arrows or whether they are direct (прямой/без пересадки).

1 Елизаровская – Площадь Ленина
2 Площадь Ленина – Балтийская
3 Гражданский проспект – Парк победы
4 Московские ворота – Нарвская
5 Фрунзенская – Невский проспект
6 Автово – Лесная

Working with your partner pick out any two stations and ask if it is necessary to change.

For example:

A Проезд 'Площадь Мира – Лесная', это с пересадкой?
Б Да, с пересадкой (нет, без пересадки)!

73

ACTIVITY 29

Referring to the pictures, put the text into the correct order.

А   В вагоне тесно и шумно, но интересно. Разные люди есть – и старые и молодые.

Б   Быстро идёт поезд. Дедушка читает газету, а Пётр смотрит в окно на поля и сёла.

В   Пётр живёт в деревне недалеко от Москвы. Сегодня его день рождения и они с дедушкой едут в Москву смотреть футбольный матч.

Г   Через час они уже на вокзале в Москве. Здесь нужно сделать пересадку. Пётр с дедушкой спускаются вниз по эскалатору. Не нужно долго ждать – поезда идут через каждые 5 минут.

Д   Вот стадион! Пётр видит его в первый раз. Он с нетерпением ждёт начала матча. «Какой чудесный день рождения», думает он.

Е   Остановка автобуса находится перед домом Петра. У Петра есть расписание. Он знает, что автобус идёт.

Ж   На железнодорожной станции Пётр покупает два билета «туда и обратно», план города Москвы и схему московского метро.

З   На улице много народа, здания высокие. Пётр не знает, как пройти отсюда на стадион. Он спрашивает дорогу у девушки в справочном бюро. Она говорит: «Нужно идти прямо, потом налево».

Электрички в город

ACTIVITY 30

Here is a timetable giving the departure times of the electric train (электричка) to the town centre. Imagine that at the times shown on the clock faces you are asked what time the next train leaves. What would you say? Take turns with your partner to ask and answer:

В котором часу идёт следующая электричка в город?

Электрички к Москве!		
7.50	10.00	12.10
8.30	10.45	14.05
9.05	11.25	16.20

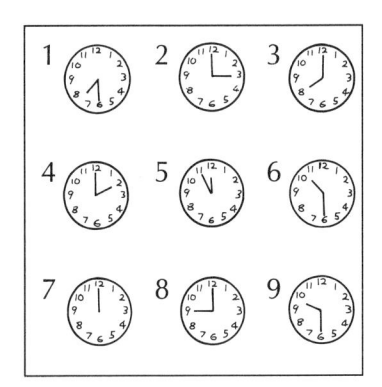

ACTIVITY 31

Working with a partner, ask for and give the following information.

At the справочное бюро:
– departure times of train (A); train numbers (B); destinations (C); platform numbers (D); type of train (fast or slow) (E); duration of journey (F).

At the касса билетов:
– ask how many tickets are required (G) and whether a single or a return ticket is required (H).

Справочное Бюро					
A	B	C	D	E	F
9.00	12	МОСКВА	1	с	2 ч.
2.00	8	ПЕТЕРБУРГ	2	п	3 ч.
4.15	4	КИЕВ	3	с	1½ ч.
9.40	17	МИНСК	4	п	1 ч.
7.35	9	КРАСНОДАР	5	с	2½ ч.

Касса Билетов	
G	H
1 person	→
2 people	↩
1 person	→
3 people	↩
2 people	→

Электрички в город

ACTIVITY 32

Practise these dialogues with your partner, one playing the A role, and one playing the B role.

1A

Ask which bus goes to the town centre.

Ask when the next bus leaves.

Ask how much it costs.

Say thank you and goodbye.

1B

Say it's the bus number 6.

It leaves in 10 minutes time.

The fare is 40 kopecks.

Don't mention it, goodbye.

2A

Stop a passer-by and politely ask where the post office is.

Ask if it's far as you are on foot.

Ask for a repeat of the instructions, as you don't understand.

Thank the passer-by.

2B

To the left between the library and the station.

Not far, two minutes walk.

Repeat your instructions.

Say 'Don't mention it'.

3A

Ask for two rail tickets to St Petersburg.

Say you want returns and ask when the train leaves.

Ask about the platform.

3B

Ask whether singles or return tickets are required.

The train leaves at 14.30.

The train leaves from platform 4.

4A

Ask the time of the next train to Kiev.

Ask if you need to change.

Ask about the arrival time of the train.

Say thank you.

4B

The next train leaves in half an hour's time.

Say 'No, the train is direct'.

The train arrives in Kiev at 18.20.

Give an appropriate reply.

What have you learned?

In this unit you have learned how to say the following:

1 Relative positions.

перед	in front of	рестораном	(note the change of endings)
за	behind	магазин**ом**	
под	under	библиотек**ой**	
над	above	школ**ой**	
между	between		
рядом с	next to		

2 Asking about location of nearest facility.

Где находится ближайший … ?   Where is the nearest … ?

3 Asking for instructions to be repeated.

Повторите, пожалуйста, я вас не понял!   Please repeat, I don't understand!

4 Enquiries about departure and arrival times.

Когда отправляется/отходит поезд?   When does the train leave?
Когда прибывает/приходит автобус?   When does the bus arrive?

5 Enquiries about transport routes.

Какой автобус/трамвай идёт до …   Which bus/tram goes to … ?

6 Asking whether a change is necessary.

Нужно делать пересадку?   Is a change necessary?
Это с пересадкой/без пересадки?

7 Asking about the duration of a journey.

Сколько времени идёт автобус?   How long does the bus journey last?

8 Ordering tickets.

Один билет, два/три/четыре билета, пять билетов   One, two, three, four, five tickets

9 Asking for singles and returns.

в один конец   single   туда и обратно/обратный билет   return

10 Asking about platform of departure.

С какой платформы отходит поезд?   From which platform does the train leave?
С первой/второй/третьей/четвёртой   Platform No 1, 2, 3, 4.

Unit 5

Remember the words!

In this unit you have met the following words:

Russian	English	Russian	English
библиоте́карь	librarian	пе́ред	in front of
биле́тная ка́сса	ticket office	переса́дка	change
ближа́йший	nearest	пило́т	pilot
бюро́ нахо́док	lost property office	платфо́рма	platform
ваго́н	carriage	повтори́ть	repeat
води́тель	driver	под	under
грузови́к	lorry	прибыва́ть	arrive
день рожде́ния	birthday	прибы́тие	arrival
домохозя́йка	housewife	прямо́й	direct
за	behind	расписа́ние	timetable
зоомагази́н	pet shop	ря́дом	close by
кло́ун	clown	ря́дом с	next to
лётчик	pilot	ско́рый	fast
матро́с	sailor	спра́вочное бюро́	enquiry office
ме́жду	between	стюарде́сса	stewardess
милиционе́р	policeman	схе́ма метро́	underground railway plan
над	above		
наро́д	people, nation	такси́ст	taxi driver
нетерпе́ние	impatience	у́гол	corner
отправле́ние	departure	цирк	circus
отправля́ться	to depart	чуде́сный	wonderful
отходи́ть	to depart	экспре́сс	express train
пассажи́рский	passenger (train)	электри́чка	electric train

UNIT 6   *Можно посмотреть?*   УРОК 6

Сувениры

🎧 ACTIVITY 1

1 🫖 700р	2 🖼 10р50	3 📓 20р
4 6р	5 📼 30р20	6 📕 МОСКВА 20р50
7 👧 40р	8 10р30	9 10р40

💬 ACTIVITY 2

Можно посмотреть ручку?

– Можно посмотреть ручку?
– Можно.
– Сколько стоит?
– 40 рублей 30 копеек.

40р30к

🎧 ACTIVITY 3

Can you say which items these nine people want to see?
Use the pictures above to help you.

Можно посмотреть	значки открытки куклу матрёшку

🎧 ACTIVITY 4

Here are nine more people who want to see things in a shop. Can you say what they wanted to see?

79

ACTIVITY 5

Можно посмотреть карту России, пожалуйста? Она справа.

– Можно посмотреть карту России, пожалуйста? Она справа.
– Можно. Вот она.
– Сколько стоит?
– 10 рублей 15 копеек.
– Хорошо, я возьму её.
– Платите в кассу.

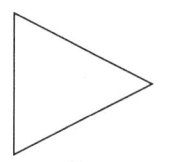

Слева   Справа

ACTIVITY 6

У вас есть плакаты?

Nina has gone shopping. How successful was she on her trip?

Copy out a grid like this.

Item	Available	Price
1		
2		
3		
4		
5		
6		

ACTIVITY 7

Anton is on holiday in Kiev, and he has made out this shopping list. What does he want to buy?

значки
самовар
пластинки
плакаты
открытки
календарь
книга о Киеве
кукла

ACTIVITY 8

Покажите, пожалуйста, браслет.

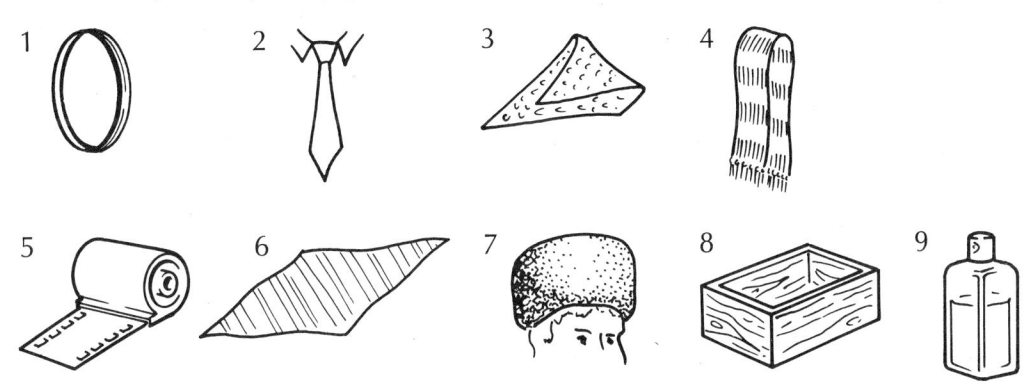

1.
2.
3.
4.
5.
6.
7.
8.
9.

Now listen to people asking for these items again. This time the order of the items is jumbled. Just write down the number of the picture.

ACTIVITY 9

Покажите, пожалуйста, шапку.

– Покажите, пожалуйста, шапку.
– Вот она.
– Сколько стоит?
– 600 рублей.

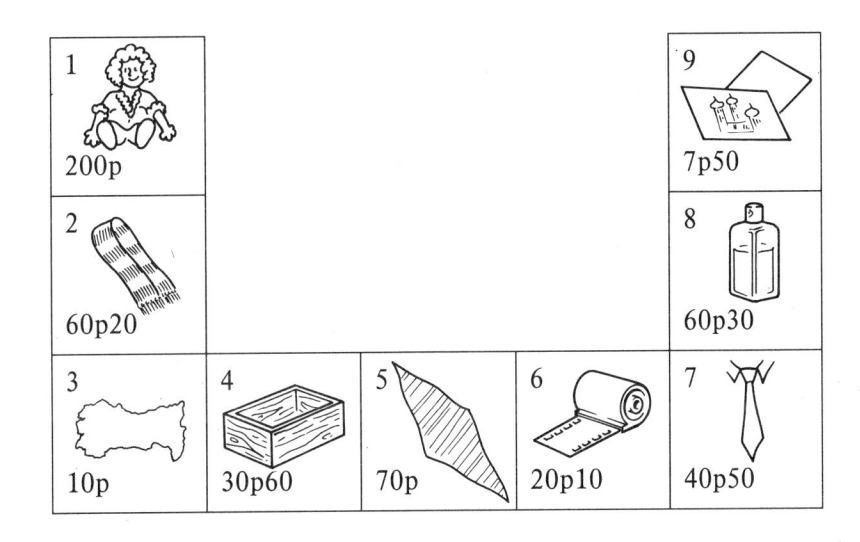

| 1 — 200p | 2 — 60p20 | 3 — 10p | 4 — 30p60 | 5 — 70p | 6 — 20p10 | 7 — 40p50 | 8 — 60p30 | 9 — 7p50 |

ACTIVITY 10

Покажите, пожалуйста, платок.

– Покажите, пожалуйста, платок.
– Платок справа?
– Нет, красивый платок слева.
– Вот он.

Диалог 1

А   Покажите, пожалуйста ...

Б

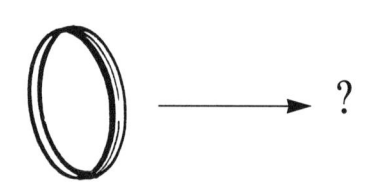

А   Нет, большой

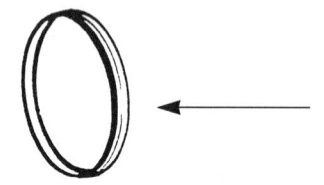

Б   Вот он.

Диалог 2

Б   Покажите, пожалуйста ...

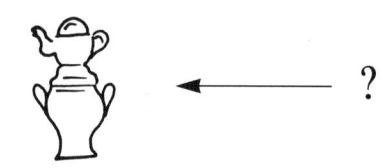

А

Б   Да, маленький

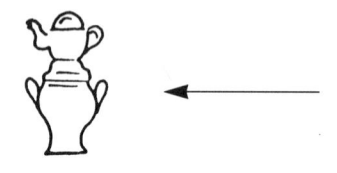

А   Вот он.

ACTIVITY 11

Ivan has a shopping list of things he wants to see. Which items does he forget to ask the shopkeeper to show him?

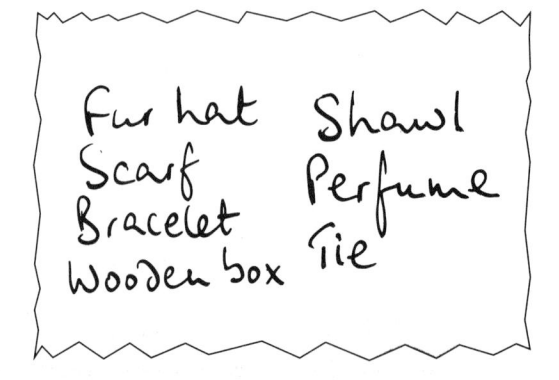

Fur hat
Scarf
Bracelet
Wooden box
Shawl
Perfume
Tie

ACTIVITY 12

Что тебе нужно?

1	2	3
4	5	6
7	8	9

Мне нужен	шарф браслет платок
Мне нужна	шапка шкатулка плёнка
Мне нужны	пластинки духи открытки

UNIT 6

ACTIVITY 13

Can you say what these tourists need to buy as souvenirs?

John

Sister - bar choc.
Granny - perfume
Mum - head scarf
Dad - scarf
Grandad - tie
Brother - box chocolates

Anne

Brother - records
Sister - matrioshka
Mum - samovar
Granny - wooden box
Dad - fur hat
Grandad - post cards

Fred

Mum - perfume
Dad - book about Moscow
Brother - badges
Sister - doll
Granny - shawl
Grandad - pen

ACTIVITY 14

Here is Yuri's shopping list for New Year. Can you identify what he wanted to buy and for whom he bought each present?

браслет для бабушки
платок для мамы
коробка конфет для папы
шкатулка для сестры
шапка для дедушки
галстук для брата

ACTIVITY 15

Can you say what these six people bought and for whom?

	Item	For whom?
×6		

ACTIVITY 16

Mary has just received this letter from her penfriend, Anna, who tells her she has been shopping. Can you say what she bought and for whom?

Киев

Дорогая Мэри!

Спасибо за твоё письмо. Скоро будет новый год, и я уже ходила в магазины. Я купила подарки.

Я купила куклу для сестры, пластинку для брата и ручку для папы. Я также купила книгу о Москве для мамы. У меня бабушка и дедушка. Для бабушки я купила красивый, маленький самовар, и для дедушки я купила галстук.

Пиши скоро
Твоя
Анна

ACTIVITY 17

У вас есть что-нибудь подешевле?

– Мне нужна шкатулка.
  Сколько стоит?
– 200 рублей.
– Это слишком дорого.
  У вас есть что-нибудь подешевле?
– Есть. Вот она. Стоит 50 рублей.

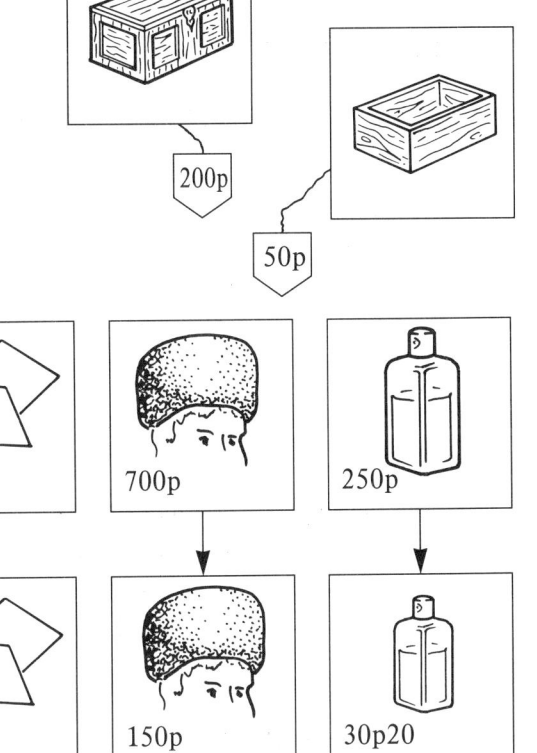

200р

50р

70р	600р	50р	700р	250р
20р80	100р	10р75	150р	30р20

ACTIVITY 18

What did these people want to buy?

×5

Item	For whom?	Higher price	Lower price

1 ЭТАЖ	ПОДАРКИ ДЛЯ ЖЕНЩИН ПАРФЮМЕРИЯ
	СУМКИ ЗОНТЫ ЧЕМОДАНЫ ЗНАЧКИ ИГРУШКИ АВТОРУЧКИ
2 ЭТАЖ	ПОДАРКИ ДЛЯ МУЖЧИН СУВЕНИРЫ
	ГРАМПЛАСТИНКИ ЖЕНСКОЕ НАРЯДНОЕ БЕЛЬЁ

UNIT 6

Signs

ACTIVITY 19

If you go shopping in Russia, you will need to look for signs which tell you the shops you need.

| УНИВЕРМАГ | | ДОМ КНИГИ |

You will find some of these signs inside department stores.
Two useful signs are:

| ОТДЕЛ | | КАССА |

You will need to say which department you have bought your gift in, when you pay for it. If you are in Moscow or St Petersburg you will find these shops useful:

| ГУМ | | ГОСТИНЫЙ ДВОР |

ACTIVITY 20

6	ОДЕЖДА
5	ПЛАСТИНКИ ЗНАЧКИ
4	СУВЕНИРЫ ПОДАРКИ
3	ОТКРЫТКИ МАРКИ КНИГИ
2	ИГРУШКИ
1	ПАРФЮМЕРИЯ

Can you say in which department you would find these items?

A, B, C, D, E, F, G, H, I, J

ACTIVITY 21

Use the floor plan above to help you say where you can find the different departments.

Где отдел 'Сувениры'?

— Скажите, пожалуйста, где отдел 'Сувениры'?
— На четвёртом этаже.

В кафе (I)

ACTIVITY 22

– Стакан чаю и бутерброд с сыром, пожалуйста.
– Это всё?
– Нет. Дайте, пожалуйста, кекс. Сколько с меня?
– С вас 3 рубля.

Диалог 1

А  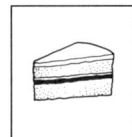
Б   Это всё?
А   Нет 
Б   Сколько с меня?
А   8 рублей 50 копеек.

Диалог 2

Б  
А   Это всё?
Б   Нет 
А   Сколько с меня?
Б   11 рублей 50 копеек.

ACTIVITY 23

Eight people give their orders in a café. Can you note which customer ordered what?

A
чай
бутерброд
с сыром
кекс

B
чай
кофе
лимонад

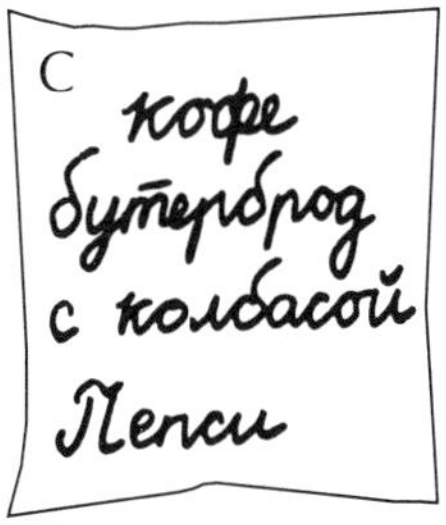

C
кофе
бутерброд
с колбасой
Пепси

D
кофе
лимонад
сок

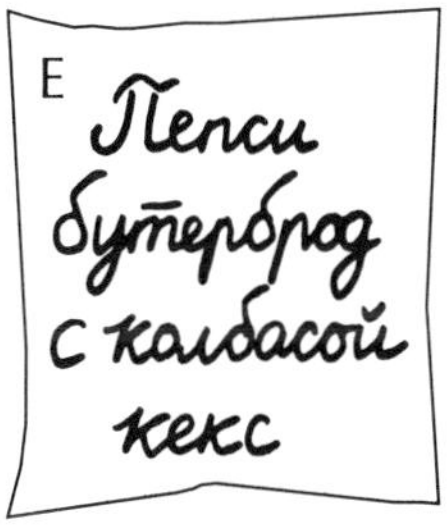

E
Пепси
бутерброд
с колбасой
кекс

F
какао
кекс
квас

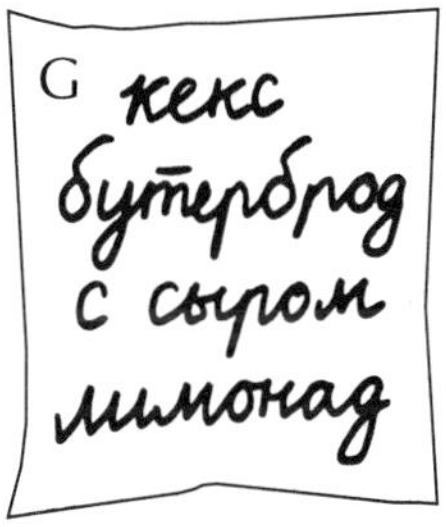

G
кекс
бутерброд
с сыром
лимонад

H
сок
лимонад
Пепси

UNIT 6

Два лимоната

— Два лимонада и два кофе, три бутерброда с сыром и бутерброд с колбасой, пожалуйста.
— Вот они. Это всё?
— Нет. Дайте, пожалуйста, четыре кекса. Сколько с меня?
— С вас 30 рублей 50 копеек.

ACTIVITY 24

Can you act these conversations with a partner?

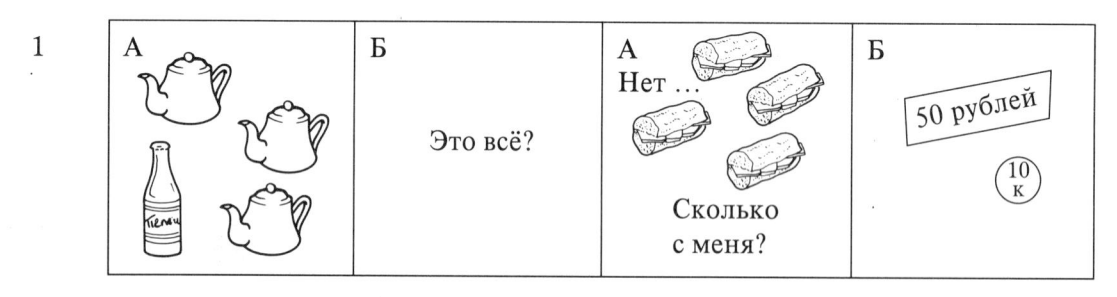

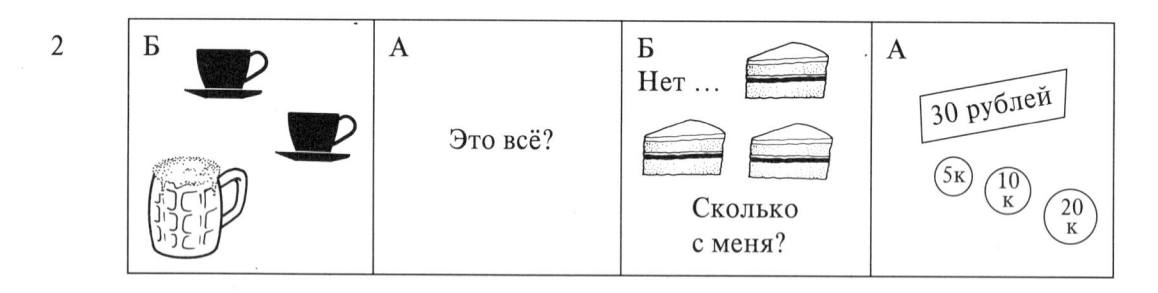

ACTIVITY 25

Imagine you are ordering for these people:

В кафе (II)

ACTIVITY 26

1	2	3	4	5
6	7	8	9	10

ACTIVITY 27

These same 10 people are ordering again, but in a different order. Can you say in which order you hear them?

ACTIVITY 28

Два чая, пожалуйста.

— Два чая, пожалуйста.
— Вам с сахаром?
— Нет, без сахара, но с молоком.
— Это всё?
— Нет, дайте, пожалуйста, сосиски и два компота.
— Вот они. С вас 10 рублей 90 копеек.

ACTIVITY 29

Диалог 1

А 2 ×
Б Вам с сахаром?
А ✓
Б Это всё?
А Нет,
Б С вас 10 рублей 10 копеек.

Диалог 2

Б 3 ×
А Вам с лимоном?
Б ✓
А Это всё?
В Нет,
А С вас 8 рублей 50 копеек.

UNIT 6

89

UNIT 6

ACTIVITY 30

Here is Anna Petrovna. She works in the Café Kosmos. What did these five customers order and how much did they pay?

ACTIVITY 31

М Е Н Ю			
Чай	50к	Бутерброды	
Кофе	2р50к	с сыром	6р
Какао	4р	с колбасой	8р
Лимонад	3р	Сосиски	6р
Пепси	6р	Пирожное	3р
Сок	1р50к	Кекс	4р
Квас	1р	Мороженое	5р
Компот	2р		

Администратор: Ф П Карамазова

1. You are with four friends, but only have 50 roubles. Can you have a hot meal and a drink each?
2. You like cola drinks. Can you order one here?
3. Your penfriend's grandmother loves ice-cream. Is it worth going to this café?
4. Your penfriend's little sister wants a drink, but only has 1 rouble. What can she have?
5. You want a snack, but only have 5 roubles *and* you would like a drink. Can you afford to eat here?
6. You like drinking chocolate. What is the best you can have?
7. You decide to spend 20 roubles. Order a drink and two things to eat.

ACTIVITY 32   Правда или неправда

Listen to these 10 people ordering food and drinks in a café. Note down if the orders below are *True* (T) or *False* (F).

1 Three cheese sandwiches.
2 One lemonade and one tea.
3 Four cakes, one lemonade, three teas.
4 One Pepsi, one cocoa, one cake.
5 Sausages, two coffees with sugar.
6 Two salami sandwiches, two fruit juices.
7 One tea with milk, one coffee with sugar.
8 Two lemon teas, two compotes.
9 One ice-cream, one Pepsi, one cake.
10 Two lemonades, two white coffees.

ACTIVITY 33

What did these people order?

Толя: Три бутерброда с колбасой, пожалуйста.

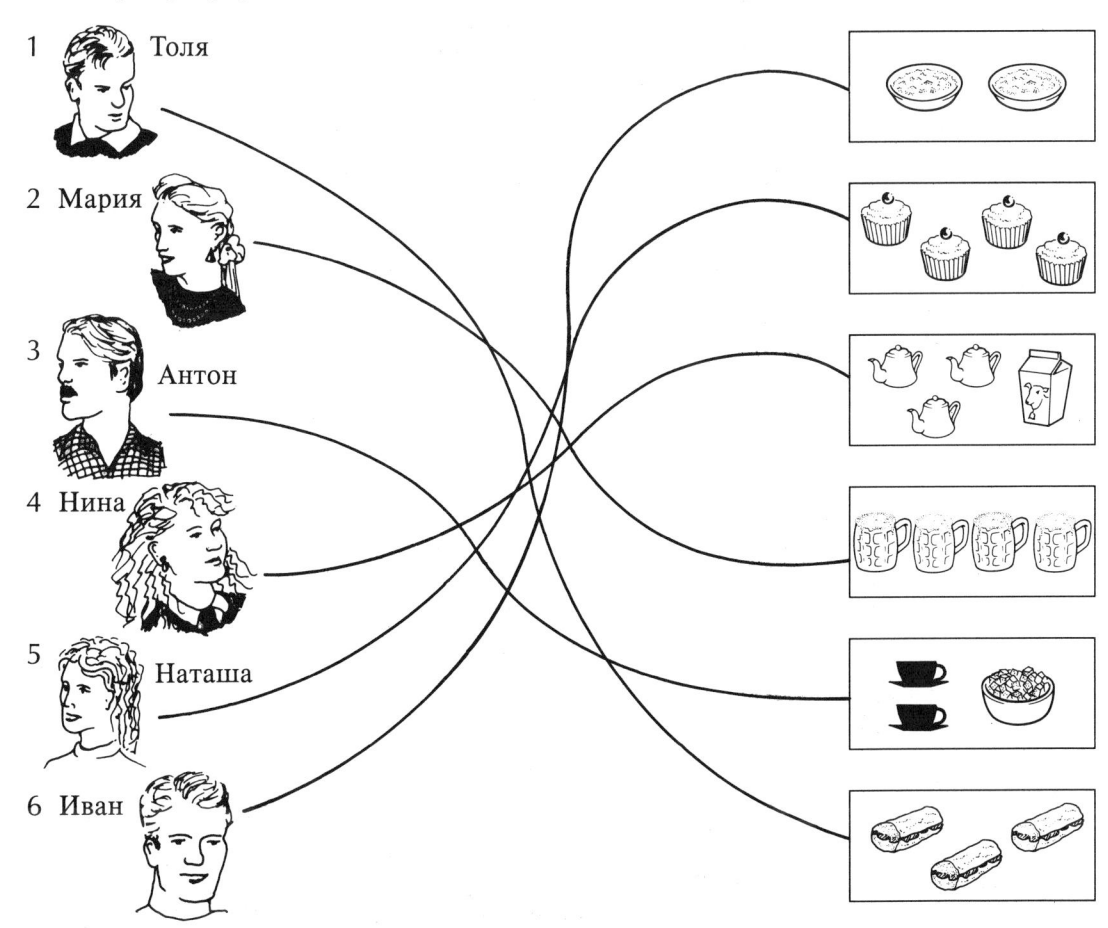

1 Толя
2 Мария
3 Антон
4 Нина
5 Наташа
6 Иван

WHAT HAVE YOU LEARNED?

In this unit you have learned how to:

1	Ask to see a present:	Можно посмотреть самовар?
2	Say it is possible:	Можно
3	Ask/say if something is –	
	on the left:	слева
	on the right:	справа
4	Ask if an item is available:	У вас есть?
5	Ask to be shown something:	Покажите, пожалуйста …
6	Describe items:	красивый браслет
		красивая шкатулка
7	Say you need something:	Мне нужен/нужна/нужно/нужны
8	Ask if a friend needs something:	Тебе нужен/нужна/нужно/нужны?
9	Understand/say for whom a present is needed:	для папы/мамы/брата/сестры/бабушки дедушки
10	Say an item is too dear:	Это слишком дорого
11	Ask for a cheaper item:	У вас что-нибудь подешевле?
12	Ask where departments are in a shop:	Где отдел 'Сувениры'?
13	Order drinks in a café:	Стакан чаю, пожалуйста
14	Order food in a café:	Мне сосиски, пожалуйста
15	Order 3 drinks: 2 / 4	два стакана/две чашки чаю три стакана/три чашки кофе четыре стакана/четыре чашки какао
16	Say if you want a drink	
	with/without sugar:	с сахаром/без сахара
	with/without milk:	с молоком/без молока
	with/without lemon:	с лимоном/без лимона
17	Order two/three/four food items:	два/три/четыре кекса

Remember the words!

In this unit you have met the following words:

Shopping

пода́рок	present	матрёшка	Matrioshka doll
брасле́т	bracelet	пласти́нка	record
га́лстук	tie	плёнка	film
плака́т	poster	ру́чка	pen
плато́к	head square	ша́пка	fur hat
самова́р	samovar	шкату́лка	wooden box
шарф	scarf	шаль (f)	shawl
календа́рь (m)	calendar	духи́	perfume
ка́рта Росси́и	map of Russia	значки́	badges
кассе́та	cassette	ку́клы	dolls
кни́га о	book on	откры́тки	post cards
Ки́еве	Kiev		
Петербу́рге	St Petersburg	для па́пы	for my Dad
Москве́	Moscow	ма́мы	my Mum
		бра́та	my brother
мне/тебе́ ну́жен	I/you need (m)	сестры́	my sister
нужна́	need (f)	ба́бушки	my grandma
ну́жно	need (n)	де́душки	my grandad
нужны́	need (pl)		
Мо́жно посмотре́ть?	Can I see?	отде́л	department
сле́ва	on the left	спра́ва	on the right
краси́вый/ая	beautiful (m/f)	некраси́вый/ая	ugly (m/f)
ма́ленький/ая	small (m/f)	большо́й/а́я	big (m/f)

Café

стака́н	glass of	кекс	cake
лимона́да	lemonade	компо́т	compote
со́ка	juice	моро́женое	ice-cream
ча́ю	tea	пиро́жное	cake
ча́шка кака́о	cup of cocoa	соси́ски	sausages
ко́фе	coffee	бутербро́д с сы́ром	cheese sandwich
квас	kvas	бутербро́д с колбасо́й	salami sandwich
Пе́пси	Pepsi		

стака́н ча́ю/ко́фе с са́харом   glass of tea/coffee with sugar
                     с лимо́ном   with lemon
                     с молоко́м   with milk
                     без са́хара   without sugar
                     без лимо́на   without lemon
                     без молока́   without milk

UNIT 6

UNIT 7   *Куда они ездили?*   УРОК 7

🎧 ACTIVITY 1

Куда ты ездил(а) на каникулы?

1 в деревню

2 на море

3 в Англию, в Лондон

4 во Францию, в Париж

5 в Шотландию

6 Я осталась дома

🎧 ACTIVITY 2

Listen to these British and Russian teenagers discussing where they spent their summer holidays.
Say whether these statements are *True* (T) or *False* (F).

1 Jane went to Spain for the holidays.
2 Ann went to London for the holidays.
3 Natasha went to the seaside for her holidays.
4 Paul went to Russia for his holidays.
5 Sasha went to London.
6 Yuriy went to the countryside for the holidays.

ACTIVITY 3

Imagine you went to the following countries last year.
How would you say in Russian where you went?

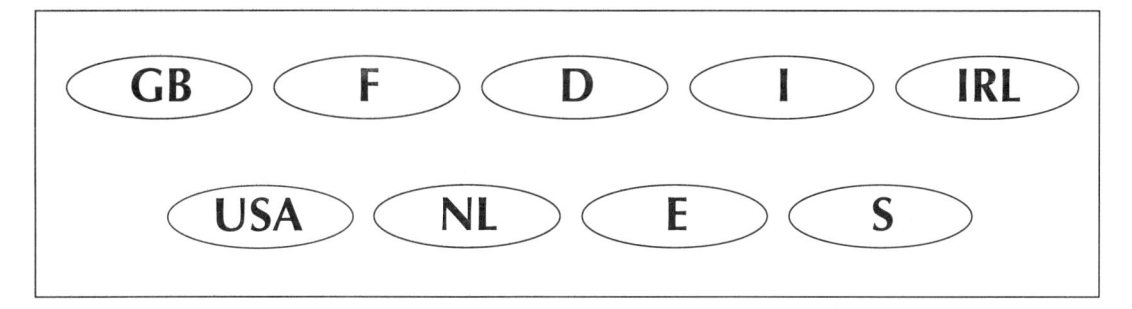

GB   F   D   I   IRL
USA   NL   E   S

ACTIVITY 4

These are presents you brought back from holiday.
Which country do they represent?

ACTIVITY 5

Using the pictures above, practise in pairs with your partner the following dialogue:

А   Куда ты ездил(а)?   я/ты/он ездил
Б   Я ездил(а) в ...   я/ты/она ездила

ACTIVITY 6

Using the pictures in **Activity 4**, write down a sentence saying where someone went.
Make up the names yourself.

ACTIVITY 7 Когда ты ездил(а) в отпуск?

Listen to these Russian teenagers telling you *when* they went on holiday last year. Write down the number of the month you hear.

1 Jan	2 Feb Париж	3 March	4 April КИЕВ
5 May ПЕТЕРБУРГ	6 June	7 July	8 Aug Париж
9 Sept КИЕВ	10 Oct	11 Nov ПЕТЕРБУРГ	12 Dec

ACTIVITY 8

Now complete these sentences in Russian.

1 В прошлом году Саша ездил во францию в _____

2 В прошлом году Коля ездил в Лондон в _____

3 Люда осталась дома на каникулах в прошлом году, а в _____ она ездила на море.

4 Пётр тоже ездил на море в прошлом году. Он ездил туда в _____

5 Костя ездил в Киев на каникулы. Он ездил туда в _____

6 В прошлом году в _____ Наташа ездила в Петербург на каникулы.

ACTIVITY 9

Когда ты ездил в отпуск в прошлом году?

Use the pictures above to help you tell your partner when and where you went on holiday last year. Use your imagination – see who can think of the most unusual place and time to spend a holiday.

Remember:
To say 'in a month' use 'в' and add a 'е' to the end of the month.
Example:

март – в марте (in March)

If the month ends in –ь, take the 'ь' off first:

июнь – в июне (in June)

ACTIVITY 10

Listen to these Russian teenagers telling a British group where and when they went on holiday last year.
Write down the seasons which you hear.

UNIT 7

летом

зимой

весной

осенью

ACTIVITY 11

Unscramble these two conversations:

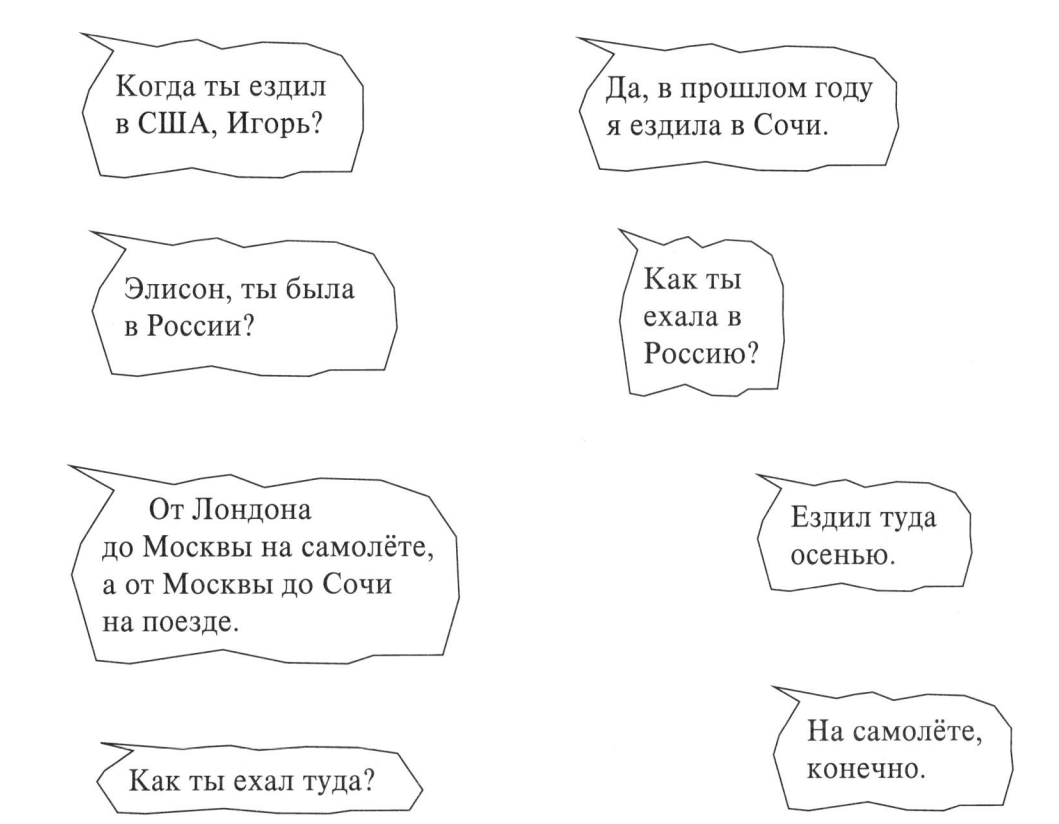

Когда ты ездил в США, Игорь?

Да, в прошлом году я ездила в Сочи.

Элисон, ты была в России?

Как ты ехала в Россию?

От Лондона до Москвы на самолёте, а от Москвы до Сочи на поезде.

Ездил туда осенью.

Как ты ехал туда?

На самолёте, конечно.

97

ACTIVITY 12

Как ты ехал(а) туда?

After the summer holidays a teacher asks four pupils how they went on holiday.

Юрий, скажи мне, как ты ехал в деревню на каникулы?
Ехал на велосипеде. Это недалеко!

Саша, ты летел в Англию на самолёте?
Нет, я плыл на пароходе.

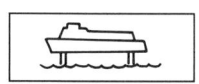

Джейн, ты тоже плыла во Францию на пароходе?
Нет, слишком медленно! Плыла на «Метеоре».

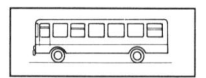

Наташа, а как ты ехала на море? На машине?
Нет, у нас нет машины. Мы ехали на автобусе.

ACTIVITY 13

Now listen to these teenagers discussing their holidays.
Copy and complete the grid below in English.

	Holiday destination	Transport			Holiday destination	Transport
1 Sasha			5 Igor		
2 Julie			6 Philip		
3 Jeremy			7 Mary		
4 Natasha			8 Ivan		

ACTIVITY 14

Using the grid to help you, complete these sentences in Russian.

1 Саша ехал в _____ на _____

2 Джули ехала на _____ на _____

3 Джэрэми ехал в _____ на _____

4 Наташа ехала в _____ на _____

5 Игорь ехал в _____ на _____ и на _____

6 Филип ехал в _____ на _____

7 Мэри ехала в _____ на _____

8 Иван ехал на _____ на _____

ACTIVITY 15

Choose one of these popular holiday resorts and tell your partner how you travelled there for your holiday. You may use any sensible combination.

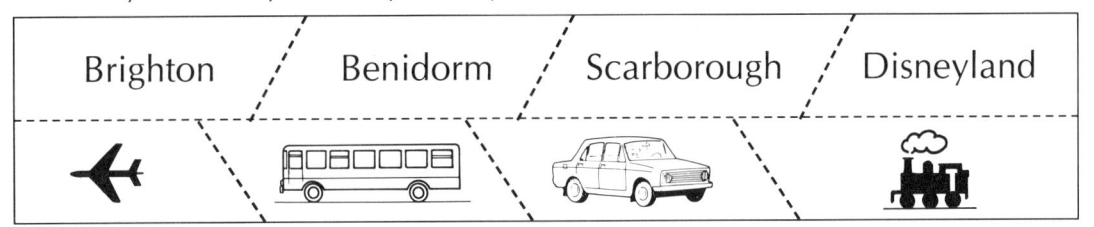

| Brighton | Benidorm | Scarborough | Disneyland |

ACTIVITY 16

Write a sentence to say who went where and how.

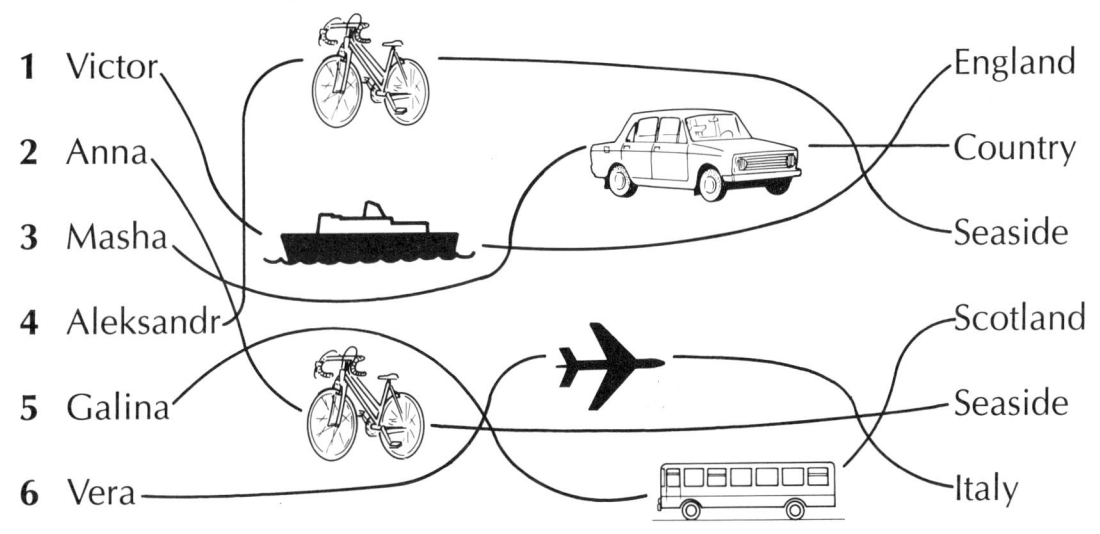

1 Victor
2 Anna
3 Masha
4 Aleksandr
5 Galina
6 Vera

England
Country
Seaside
Scotland
Seaside
Italy

ACTIVITY 17

Правда или неправда?

Which of these sentences accurately describe the journeys made in **Activity 16**? Write *True* (T) or *False* (F).

1 Виктор остался дома.
2 Анна ехала в Милан на поезде.
3 Маша плыла в Москву на пароходе.
4 Александр ехал во Францию на машине.
5 Галина ехала на море на велосипеде.
6 Вера летела в Шотландию на самолёте.

How did you go on holiday?
Как ты ехал(а) в отпуск?

Я ехал Я ехала		поезде машине велосипеде автобусе
Я плыл Я плыла	на	пароходе 'Метеоре'
Я летел Я летела		самолёте

UNIT 7

99

О погоде

UNIT 7

🎧 **ACTIVITY 18**

🎧 **ACTIVITY 19**

✏️ Boris is reporting back to his boss on what the weather was like around Europe last week. Listen to what he tells her.
Can you match the type of weather to what you see above?
Now write a sentence to match the weather.

В Лондоне

В Париже

В Италии

В Москве

В Испании

В Голландии

В Шотландии

Был туман

Шёл дождь, была плохая погода

Была гроза, сверкала молния

Было холодно, шёл снег

Солнце светило, была хорошая погода

Ветер дул

Было тепло

ACTIVITY 20

Listen to the tape and look carefully at the pictures.
Work out where each person was from the weather they are describing.

ACTIVITY 21

Now write a postcard from each of the places on the pictures.
Use the example postcard below.

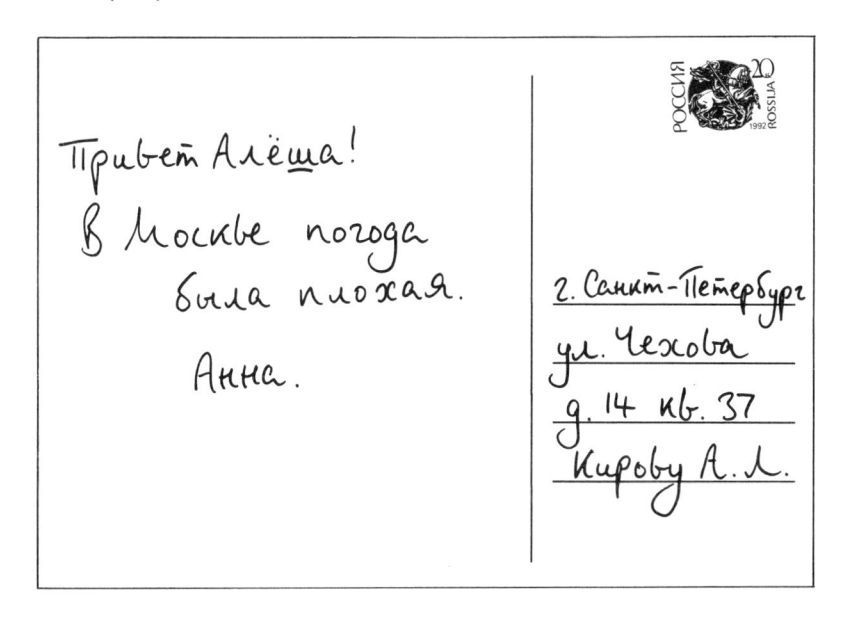

Привет Алёша!
В Москве погода
была плохая.
Анна.

г. Санкт-Петербург
ул. Чехова
д. 14 кв. 37
Кирову А. Л.

UNIT 7

101

Где вы жили?

UNIT 7

ACTIVITY 22

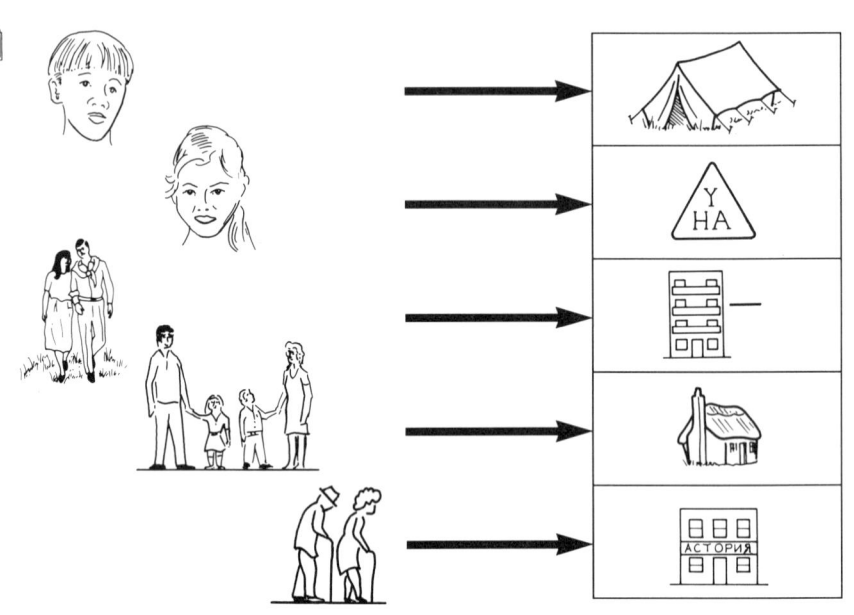

ACTIVITY 23

Listen to the tape and match up the right person with the right symbol.

1 Наташа
2 Саша
3 Игорь
4 Таня
5 Серёжа

ACTIVITY 24

Unscramble these sentences to make sense.

(a) Жили летом мы в кемпинге
(b) Я гостинице в жила в январе
(c) Назад я квартире год жил в
(d) В Испании в мы общежитии жили

102

ACTIVITY 25

Read the following letter and say whether the statements are *True* (*T*) or *False* (*F*).

> г. Ньюкасл
> 10ое сентября 1991г.
>
> Привет Юра!
>
> В этом году я очень хорошо провёл каникулы. Я ехал во Францию на поезде. Я жил в маленькой гостинице в центре города. В Париже было очень хорошо: было тепло и светило солнце. Потом я был в Италии. Мы жили в кемпинге на севере, но, к сожалению, шёл дождь.
>
> В августе мы с папой были в Шотландии. У нас была маленькая квартира в Эдинбурге. Какой чудесный город! Где ты был, где жил?
>
> Очень жду ответа
> Стив.

(a) Он летел во Францию на самолёте.
(b) Там он жил в общежитии.
(c) В Париже погода была хорошая.
(d) В Италии шёл снег.
(e) Он жил на юге.
(f) Он был в Шотландии с мамой.
(g) Он любит Эдинбург.

Что вы делали?

Activity 26

Я играл в футбол	Я лежала на солнце
Я гулял в деревне	Я плавала в море
Я ходил на пляж	Я ходила в кино
Я играл в теннис	Я танцевала на дискотеке
Я сидел дома	Я смотрела телевизор

Unit 7

ACTIVITY 27

Tick the correct activities as the Russian pupils discuss their last holiday.

	Disco dancing	Play football	Go to pool	Walking	Watch TV	Reading	Play tennis	Go to beach
Катя								
Андрей								
Маша								
Павел								
Галя								
Антон								
Лиза								

ACTIVITY 28

There is a mistake in Lena's diary if what she tells Vanya is true.
Which day does she incorrectly describe?

суббота	Лежала на пляже. Вечером ходила в кино – хороший фильм.
воскресенье	Шёл дождь, сидела дома, смотрела теннис по телевизору.
понедельник	Ходила в город с Антоном. Купила открытки, сувениры.
вторник	Играла в теннис. Было жарко. Потом плавала в море.
среда	Ходила в ресторан. Заказала пиццу и салат – очень вкусно.
четверг	
пятница	

ACTIVITY 29

Now make up a similar diary for yourself – try and write two or three activities for each day. If you didn't do much you can always pep up your diary with a few white lies!

ACTIVITY 30

Listen to the accounts of how these pupils spent their holidays and answer the questions *in English*.

Говорит Алёша! Зимой я провёл каникулы в деревне. Я ехал туда на машине с папой. Весь день мы катались на коньках или на лыжах. Мы жили в маленькой гостинице. Было очень холодно и шёл снег, но я отлично провёл время.

Здравствуй! Это я, Маша! Год назад я жила в общежитии у Чёрного моря. Я ехала туда на автобусе. Всё время солнце светило. Мы ходили на экскурсию в музей. Однажды мы были на пикнике и гуляли в лесу.

Привет! Меня зовут Ваня. Летом я провёл каникулы во Франции. Я ехал туда на поезде. Там я плавал в реке и лежал на пляже – погода была хорошая. Иногда я играл в волейбол и ходил в клуб или на дискотеку. Я жил в гостинице.

Мила. Ах, я совсем не люблю каникулы. В августе я жила в палатке в кемпинге с мамой и сестрой. Мы посетили музей, но я уже там была. Смотрели фильм о спорте – очень скучно. Постоянно шёл дождь. Завтра снова в школу – ура!

1. When did Vanya visit France?
2. Name two things he might have done in the day and one in the evening.
3. How did Masha get to the Black Sea?
4. Name one thing she seemed to enjoy about the holiday.
5. What kind of holiday does Alyosha describe?
6. Where exactly did he stay?
7. Who did he spend the holiday with?
8. Name two types of weather he mentions.
9. When did Mila go on holiday?
10. Name one reason why she might not have enjoyed it?

ACTIVITY 31

Listen to the dialogues, copy the table below and then fill it in, saying where each person spent their holiday, what they did there and how they went.

Place	What they did	Transport

ACTIVITY 32

A speaking puzzle. Working in pairs, one of you reads out a phrase with the letter A next to it and the other person reads out a phrase with the letter B next to it. How many different conversations can you and your partner make up?

A Куда ты ездил(а) на каникулы?

B

| В Москву | В Ригу | В Лондон |
| В США | В Лидз | В Италию |

A Как ты ехал(а) туда?

B

| На автобусе | На самолёте | На поезде |
| На машине | На велосипеде | На «Метеоре» |

A Когда ты ездил(а) на каникулы?

B

| Летом | В декабре | В июне |
| Зимой | В марте | Осенью |

A Что ты делал(а) там?

B

| Я играл(а) в футбол | Я ходил(а) в кино | Я лежал(а) на солнце |
| Я гулял(а) в деревне | Я плавал(а) в море | Я танцевал(а) на дискотеке |

A Какая была погода?

B

| Шёл дождь | Дул ветер | Было холодно |
| Было тепло | Солнце светило | Погода была хорошая |

WHAT HAVE YOU LEARNED?

In this unit you have learned how to:

1 Ask where and when someone went on holiday

Куда	ты ездил(а)	в отпуск?
Когда	он ездил	
	она ездила	

| Куда = Where |
| Когда = When |

2 Say where and when someone went on holiday

я ездил(а)	в отпуск	в	августе
он ездил			июле
она ездила		в	Испанию
			Германию
		во	Францию
			летом
			зимой

I went	on holiday	in	August
He went			July
She went		to	Spain
			Germany
		to	France
			in the summer
			in winter

3 Ask how someone travelled on holiday

Как	ты	ехал(а)	туда	
	он		в	Америку
	она		во	Францию

How did	you	get	there	
	he		to	America
	she		to	France

4 Say how someone travelled on holiday

я	ехал(а)	туда на	поезде
он	ехал		машине
она	ехала		автобусе
я	летел(а)		самолёте
я	плыл(а)		пароходе

I	went	there by	train
He			car
She			coach
I	flew		plane
I	sailed		boat

5 Ask where someone stayed

Где	ты	жил(а)?
	он	жил?
	она	жила?

Where (abouts) did	you	stay/live?
	he	
	she	

6 Say where someone stayed/lived

Я	жил(а)	в	гостинице
Он	жил		кемпинге
Она	жила		квартире
			палатке
			коттедже

I	stayed/	in	a hotel
he	lived		a campsite
she			a flat
			a tent
			a cottage

7 Ask what someone did

Что	ты	делал(а)?
	он	делал?
	она	делала?

What did	you	do?
	he	
	she	

8 Say some of the things you did on holiday.

	игрaл(а)	в	футбол
			теннис
	плавал(а)	в	море
	гулял(а)		деревне
Я	ходил(а)	на	пляж
		в	кино
	лежал(а)	на	солнце
	танцевал(а)	на	дискотеке
	сидел(а)		дома
	смотрел(а)		телевизор

	played		football
			tennis
	went swimming	in	the sea
	went walking		the countryside
I	went	to	the beach
			the cinema
	lay	in	the sun
	went dancing	at	a disco
	stayed		at home
	watched		T.V.

UNIT 7

109

Remember the words!

In this unit you have met the following words:

е́здить	to go (by vehicle)	плыть	to sail/go by sea
кани́кулы	school holidays	лете́ть	to fly/go by air
дере́вня	village/countryside	сверка́ет мо́лния	lightning flashes
мо́ре	sea	гроза́	a storm
Фра́нция	France	тума́н	fog
Шотла́ндия	Scotland	дул ве́тер	the wind blew
оста́ться	to stay/remain	шёл дождь	it rained
до́ма	at home	со́лнце свети́ло	the sun shone
Испа́ния	Spain	ке́мпинг	campsite
Росси́я	Russia	гости́ница	hotel
Голла́ндия	Holland	общежи́тие	hostel
Герма́ния	Germany	в э́том году́	this year
(в) о́тпуск	(on) holiday	я провёл(а)	I spent (of time)
янва́рь	January	я был(а)	I was
февра́ль	February	к сожале́нию	unfortunately
март	March	мы с + inst	'X' and I
апре́ль	April	гуля́ть	to go for a walk
май	May	ходи́ть	to go (on foot)
ию́нь	June	лежа́ть	to lie
ию́ль	July	танцева́ть	to dance
а́вгуст	August	сиде́ть	to sit
сентя́брь	September	ве́чером	in the evening
октя́брь	October	купи́ть	to buy
ноя́брь	November	ката́ться на конька́х	to skate
дека́брь	December		
в про́шлом году́	last year	ката́ться на лы́жах	to ski
ле́том	in summer		
о́сенью	in autumn	Чёрное мо́ре	Black Sea
зимо́й	in winter	ходи́ть на экску́рсию	to go on a trip
весно́й	in spring		
США	USA	лес	forest
по́езд	train	посети́ть	to visit (a place)
самолёт	plane	за́втра	tomorrow
парохо́д	boat	сно́ва	again
«Метео́р»	hydrofoil	ви́деть	to see
е́хать	to get to/go	вы́ставка	exhibition

Unit 7

UNIT 8   *Какие у тебя уроки?*   УРОК 8

ACTIVITY 1

Какие уроки у Ивана?

	понедельник	вторник	среда	четверг	пятница	суббота
1	математика	(4)?	английский язык	(7)?	история	(11)?
2	английский язык	математика	география	русский язык	математика	русский язык
3	(1)?	(5)?	черчение	английский язык	физкультура	(12)?
4	(2)?	физика	биология	литература	физика	
5	литература	русский язык	химия	(8)?	музыка	
6	(3)?	(6)?	рисование	(9)?	(10)?	

ACTIVITY 2

Какой урок …

1. первый по понедельникам?
2. второй по вторникам?
3. пятый по пятницам?
4. шестой по средам?
5. третий по четвергам?
6. четвёртый по вторникам?
7. первый по пятницам?
8. пятый по понедельникам?
9. второй по субботам?
10. четвёртый по средам?

ACTIVITY 3

Какие у тебя уроки?

Какой у тебя первый урок по понедельникам?

Математика
А по вторникам?
История
А по средам?
Музыка

> по воскресеньям
> по понедельникам
> по вторникам
> по средам
> по четвергам
> по пятницам
> по субботам

111

ACTIVITY 4

Посмотрите на расписание уроков.
Задайте вопросы друг другу.

1. Какой у тебя первый урок по понедельникам?
2. А по вторникам?
3. А по средам?
4. А по четвергам?
5. А по пятницам?
6. Какой у тебя второй урок по вторникам?
7. Какой у тебя третий урок по четвергам?
8. Какой у тебя четвёртый урок по пятницам?
9. Какой у тебя пятый урок по средам?
10. Сколько у тебя уроков в день?
11. Сколько у тебя уроков по утрам?
12. Сколько после обеда?

A

	пн	вт	ср	чт	пт
1	мат.	русс. яз.	фран. яз.	фран. яз.	мат.
2	био.	мат.	физ.	мат.	русс. яз.
3	анг. яз.	физкуль.	физ.	хим.	фран. яз.
4	черчение	анг. яз.	хим.	спорт	ист.
	обед	обед	обед	обед	обед
5	био.	геог.	ист.	анг. яз.	рисов.
6	русс. яз.	спорт	физкуль.	геог.	анг. яз.

Б

	пн	вт	ср	чт	пт
1	хим.	мат.	русс. яз.	мат.	немец. яз.
2	мат.	физ.	мат.	анг. яз.	русс. яз.
3	немец. яз.	био.	немец. яз.	спорт	анг. яз.
4	анг. яз.	ист.	черчение	рисов.	био.
	обед	обед	обед	обед	обед
5	физ.	геог.	анг. яз.	ист.	физкуль.
6	физкуль.	спорт	хим.	геог.	русс. яз.

Activity 5

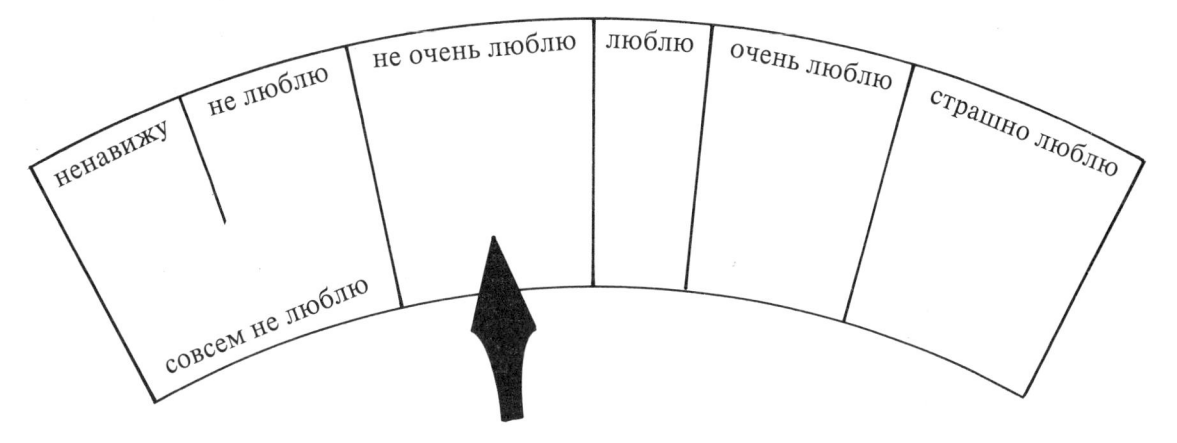

ненавижу | не люблю | не очень люблю | люблю | очень люблю | страшно люблю
совсем не люблю

Какие предметы они любят?

Put these five pupils' subjects in order of preference.
Use **Worksheet 1** to record your answers.

Activity 6

Какие предметы ты любишь?

Ты любишь | математику?

Не люблю

Say what you think about the subjects *you* study.

Здравствуй Анн!

У меня по понедельникам первый урок – математика. По вторникам первый урок – музыка, и по средам черчение. Математику люблю, а музыку не очень люблю, а черчение я ненавижу! По четвергам первый урок литература, а по пятницам история.

Пока,
Ирина

Activity 7

Как ты думаешь?

Give your opinion about the subjects you study at school. Write 10 sentences.

Activity 8

1 What is Irina's first lesson on Mondays?
2 Which lesson does she hate?
3 What is her first lesson on Tuesdays?
4 On Wednesdays?
5 Which subject does she not like much?
6 Which subject does she like?
7 What is her first lesson on Fridays?

Unit 8

Иван любит математику больше, чем химию.

Activity 9

Что ты больше любишь?

Which of the subjects mentioned do these pupils prefer?

Activity 10

Что ты больше любишь?

Practise this question with a partner.

Пример: 1 Что ты больше любишь, историю или географию?
— Я больше люблю историю.

1 1066 или 🌐
2 📐 или 🎵
3 $2x + 3x^2 = 42$ или Hello. My name is …
4 $H_2SO_4 + Zn$ или 26°C, 5 kg
5 🏸 или Здравствуй!

6 un, deux, trois или 🎵
7 🎨 или 📐
8 🐸 или $CO_2 + H_2O$
9 🤸 или 🏸
10 eins, zwei, drei или ТОЛСТОЙ

Activity 11

Write down your answers to the questions in **Activity 10**.

ACTIVITY 12

То, что Иван любит в школе.

$CO_2 + H_2O$
Толстой
1066
Африка, Азия
$3x^2 + 2x$
🎨

Он любит химию больше, чем литературу.

Он любит литературу больше, чем историю.

Он любит историю больше, чем географию.

Он любит географию больше, чем математику.

Он любит математику больше, чем рисование.

Describe these pupils' preferences in order in the same way:

Петя	Ирина	Лена
🎨	🎾	🌐
🎾	P.E.	$3x^2 + 2x$
$CO_2 + H_2O$	🐸	Здравствуй
1 kg/2 sec.	🎵	📐
Шекспир	Bonjour!	P.E.
$3x^2 + 2x$	$CO_2 + H_2O$	🎵

ACTIVITY 13

Fill in the missing words.
What is the phrase which means 'most of all'?

Здравствуй Петя!

Я изучаю в школе биологию, химию, математику, английский язык и многое другое. Я очень _____ математику, но я не _____ биологию. Я _____ _____ люблю химию. _____ очень _____ предмет. Мой друг Иван тоже любит химию, но он _____ _____ _____ физику.

всего   больше   любит   интересный   люблю   люблю   это   больше   всего

Activity 14

Какой твой любимый предмет?
Какой предмет ты больше всего любишь?

What is each person's favourite subject?

Activity 14A

Ask as many people as you can what their favourite subject is.
The answer begins:

'Мой любимый предмет …'
'Я больше всего люблю …'

Activity 15

Иван думает, что …

… история –
интересный предмет

… география –
скучный предмет

… математика –
лёгкий предмет

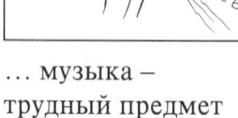

… музыка –
трудный предмет

… рисование –
популярный предмет

… химия –
непопулярный предмет

Activity 15A

А ты? Как ты думаешь? Это какой предмет?

Using the chart, ask your partner questions such as:

'Как ты думаешь, история, это какой предмет?'
Answer: 'Я думаю, что …'

история география математика музыка рисование химия	это	интересный скучный лёгкий трудный популярный непопулярный	предмет

ACTIVITY 16

А почему?

Do these 10 pupils like or dislike the subjects mentioned?
What reasons do they give? Fill in these details for each one. Use the chart on **Worksheet 1**.

Subject	Like/dislike	Reason

×10

ACTIVITY 17

Скажи почему!

With a partner, practise talking about why you like (or dislike) the various subjects.

Ты любишь | историю | ?

| Да, очень люблю |.

Почему?

Потому что | это интересный предмет |.

ACTIVITY 17A

Я люблю географию, потому что это лёгкий предмет.

Use the chart on the previous page to help you. Write six sentences like the one above.

ACTIVITY 18

Кроссворд

По горизонтали

1 Ты изучаешь _____?

2 Я больше _____ люблю музыку.

3 Ты _____ черчение?

4 Я очень люблю _____.

5 Больше _____ я люблю литературу.

6 Как ты _____?

7 Она _____ любит спорт?

По вертикали

1 Я _____ всего люблю историю.

3 Они очень _____ физику.

8 Мы не _____ математику.

9 Что вы _____?

10 Она _____ любит черчение.

UNIT 8

ACTIVITY 19

Здравствуй Анн!

Как дела? У меня всё хорошо.

Какие школьные предметы ты любишь? Я страшно люблю музыку а тоже рисование. Музыка, по-моему, очень интересный предмет. Как ты думаешь? Я изучаю английский язык и немецкий язык. Я не очень люблю немецкий язык – это трудный предмет, а английский язык очень интересный предмет. Я изучаю также историю и географию, и я больше люблю историю. Химия у нас в школе популярный предмет, а я химию совсем не люблю. Биологию люблю, а физику я ненавижу. Ты любишь спорт? Я тоже, и физкультуру. А больше всего я люблю музыку.

Пока,

Мария

1 Which two subjects does Maria say she likes at the start of the letter?
2 Why does she like music?
3 Why does she not like German?
4 What does she think about English?
5 Which does she prefer – geography or history?
6 Which subject does she mention as being popular in her school?
7 Which subject does she hate?
8 Which is her favourite subject overall?

ACTIVITY 20

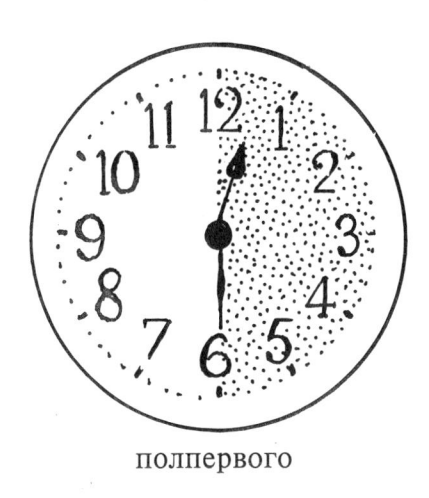

Который час?

1 полвторого
2 полтретьего
3 полчетвёртого
4 полпятого
5 полшестого
6 полседьмого
7 полвосьмого
8 полдевятого
9 полдесятого
10 полодиннадцатого
11 полдвенадцатого

полпервого

Match these up with the clocks.

a   d   g   j

b   e   h   k

c   f   i

пять минут

десять минут

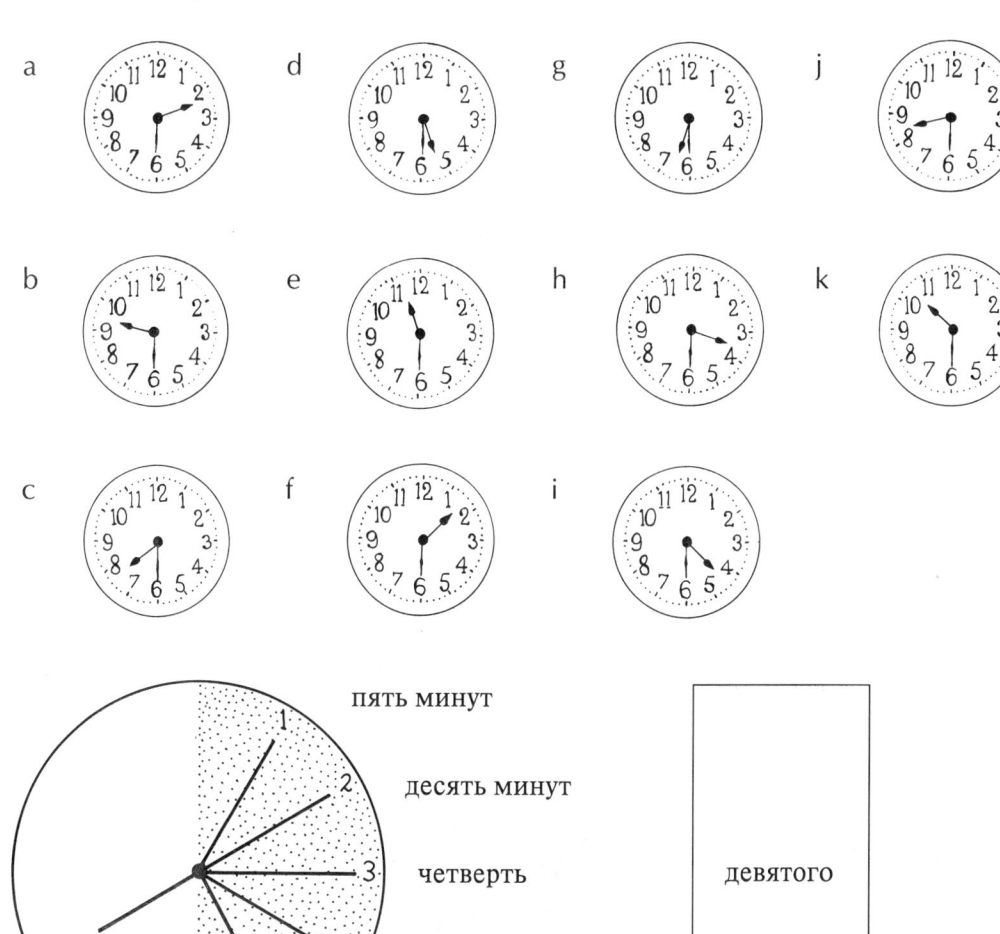

четверть

девятого

двадцать минут

двадцать пять минут

ACTIVITY 21

Который час?

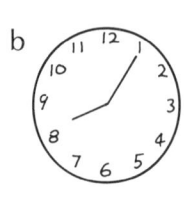

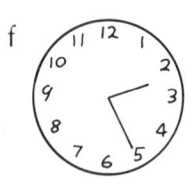

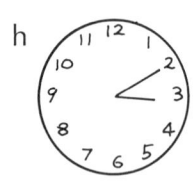

a b c d e

f g h i j

1 десять минут четвёртого
2 четверть шестого
3 пять минут седьмого
4 четверть десятого
5 десять минут одиннадцатого
6 пять минут девятого
7 четверть восьмого
8 двадцать минут второго
9 двадцать минут пятого
10 двадцать пять минут третьего

ACTIVITY 22

Когда уроки начинаются?
Когда они кончаются?

без пяти　　　　　1 час
без десяти　　　　2 два
без четверти　　　3 три
без двадцати　　　_ _ _ _ _ _ _
без двадцати пяти　_ _ _ _ _

ACTIVITY 23

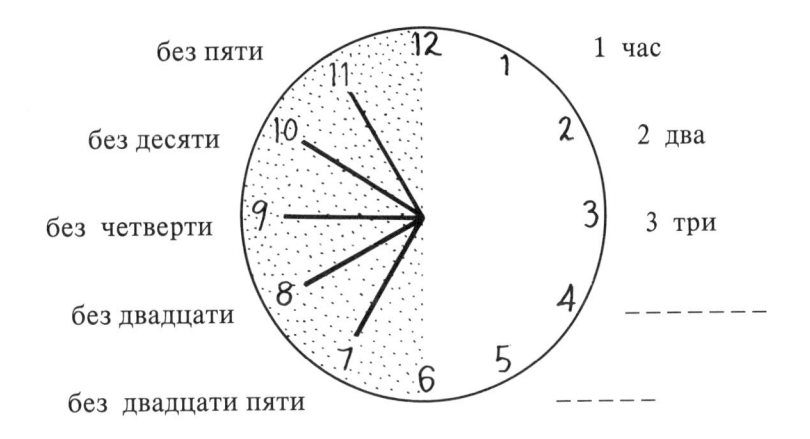

Который час?

As you hear the times called out write down the letter of the corresponding clock face.

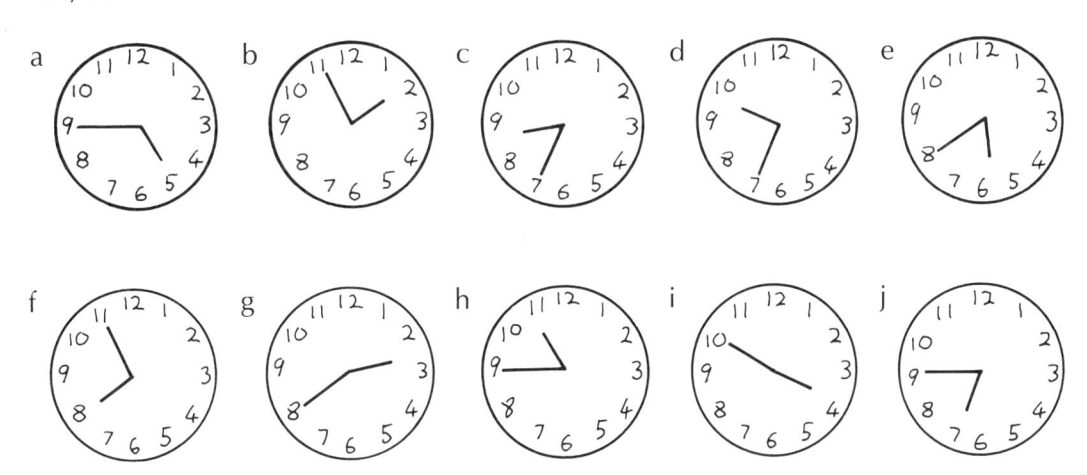

a　b　c　d　e

f　g　h　i　j

ACTIVITY 24

Match the letters of the clock faces above to the numbers of the sentences.

1　без четверти одиннадцать
2　без пяти два
3　без пяти восемь
4　без десяти четыре
5　без четверти пять
6　без четверти семь
7　без двадцати шесть
8　без двадцати пяти десять
9　без двадцати три
10　без двадцати пяти девять

Activity 25

В котором часу урок?

1 География
2 История
3 Спорт
4 Математика
5 Рисование
6 Физкультура
7 Английский язык
8 Русский язык
9 Литература
10 Химия

Activity 26

You are talking about your day's timetable with your partner.
Copy this table into your book.
Ask your partner when the lessons begin and end.
Partner: answer with some times that you have made up yourself.
Can you give the information successfully?

понедельник: мат. ист. рисов. хим. перерыв анг.яз. лит.

Какие у тебя уроки сегодня?
Когда начинается математика?
Когда кончается математика?
и т.д.

Activity 27

Напишите!

1 У нас в школе уроки начинаются _____

2 Второй урок начинается _____

3 Перерыв начинается _____ и кончается _____

4 Мы обедаем _____

5 Уроки кончаются _____

WHAT HAVE YOU LEARNED?

In this unit you have learned how to say:

'On' certain days

| по понедельникам |
| по вторникам |

To express likes and dislikes

Я	страшно люблю
	очень люблю
	люблю
	не очень люблю
	не люблю
	совсем не люблю
	ненавижу

To express opinions of subjects

Это	интересный	предмет
	скучный	
	лёгкий	
	трудный	
	популярный	
	непопулярный	

To say which subject you prefer

| Я | больше люблю | историю |

To say which subject you like best

| Я | больше всего люблю | спорт |

To compare two subjects

| Я люблю спорт | больше чем | музыку |

To say time past the hour

| пять минут первого |
| полпервого |

To say time to the hour

| без пяти два |

To say *at* what time

| в пять минут первого |
| без пяти два |

To say when things begin and end

| урок | начинается |
| | кончается |

| уроки | начинаются |
| | кончаются |

UNIT 8

Remember the words!

In this unit you have met the following words:

бо́льше	more	начина́ется/ начина́ются	begin(s)
бо́льше всего́	more than anything, above all	неме́цкий язы́к	German language
		непопуля́рный	unpopular
мой друг	my friend	обе́даем	we have lunch
ду́маю	(I) think	переры́в	break, pause
я ду́маю, что …	I think that	по утра́м	in the mornings
как ты ду́маешь?	what do you think?	по-мо́ему	in my opinion
		популя́рный	popular
зада́йте вопро́сы друг дру́гу	ask each other questions	по́сле обе́да	after lunch
		потому́ что	because
и́ли	or	почему́	why
интере́сный	interesting	ско́лько	how much/many
како́й/а́я/о́е/и́е?	which one(s)?	ско́лько уро́ков	how many lessons
конча́ется/ конча́ются	finish(es)		
		ску́чный/ая/ое/ые	boring
лёгкий	easy	смотри́те	look!
люби́мый/ая/ое/ые	favourite	совсе́м	completely
лю́бит	loves, likes	совсе́м не	not at all
люби́те	(you) (pl.) like, love	стра́шно	terribly
		то, что	that which, what
лю́бят	(they) like, love	тру́дный	difficult
мно́го	a lot, much, many	чем	than
мно́го друго́е	a lot of other things, many other things		